PASQUALE MIELE

WEB MARKETING 2.0

I Nuovi Strumenti per Creare un Business Vincente nel Web

Titolo

"WEB MARKETING 2.0"

Autore

Pasquale Miele

Editore

Bruno Editore

Sito internet

www.brunoeditore.it

Sommario

Introduzione

Caro online marketer,
comincio col chiamarti in questo modo, perché se hai acquistato questo ebook significa che lo vuoi diventare a breve, e sono felice di dirti che hai compiuto il primo importantissimo passo affinché ciò accada. Acquistando questa guida hai fatto un reale investimento e ne vedrai i frutti in breve tempo.

Quante volte hai letto frasi del tipo: «Guadagna facilmente con internet», oppure «Come guadagnare 5.000 € al mese attraverso internet»? Io personalmente ne ho lette moltissime. Navigando attraverso il web si trovano migliaia di riferimenti al lavoro online e alla possibilità di guadagnare attraverso internet; tantissime promesse che forse ti hanno già dato altrettante delusioni. Ora però hai deciso di acquistare questo ebook e sicuramente non sarà stato facile per te farlo. Immagino quante volte avrai letto e riletto la sua descrizione prima di deciderti… Ma ce l'hai fatta. Ora sicuramente avrai mille paure accompagnate da domande del tipo:

«Avrò buttato via i miei soldi? Sarà il solito ebook pieno di strategie inapplicabili e promesse impossibili da mantenere?» E chissà quante altre ne hai in mente. Beh, voglio subito rassicurarti, perché *le informazioni che otterrai da questo ebook non le troverai da nessun'altra parte.*

Perché dico questo? Ebbene, studio l'internet marketing da oltre otto anni e continuo ad aggiornarmi sui nuovi sviluppi che il mondo web offre per quanto riguarda il guadagno online. Per fare questo ho investito tempo e denaro. Già, centinaia e centinaia di ore dedicate allo studio, alla navigazione in internet e centinaia di euro investiti per l'acquisto di guide, ebook e manuali. Ora dirai: «Ecco il solito sapientone pieno di soldi che reclama le sue ricerche e i suoi investimenti per valorizzare ciò che mi ha venduto!»

No, se pensi questo ti sbagli e ora ti spiego perché. Ho trent'anni e sono sposato, ho due figli e lavoro a tempo pieno come responsabile notturno del mio reparto in un'azienda metalmeccanica. Qualche anno fa ho deciso di acquistare l'appartamento nel quale abitavo da cinque anni con mia moglie e i miei figli pagando l'affitto. Ora l'affitto non lo pago più, ma in compenso devo far fronte a una cifra esorbitante da sborsare ogni mese per pagare il mutuo.

Ho sempre vissuto "tirando la cinghia" (economicamente parlando), ma negli ultimi anni le cose sono diventate ancora più difficili. Più di otto anni fa ho iniziato a dare una sbirciata al mondo del marketing online e ai vari sistemi per guadagnare lavorando da casa tramite internet. Ebbene, ci ho subito creduto! Guadagnare da casa tramite internet era una realtà e lo è ancor più oggi grazie agli strumenti offerti dal Web 2.0.

Ma a differenza di tanti altri io ho agito in modo diverso: mi sono **dedicato completamente alla ricerca e al confronto delle centinaia e centinaia di strategie e metodologie proposte dal web** e da molti marketer più o meno affermati nel mondo. Ho fatto questo *per oltre tre* anni, cercando di riconoscere le affermazioni di chi voleva nascondere dietro le fantomatiche "nuove strategie di guadagno" solamente una massiccia pubblicità dei propri prodotti.

Sono riuscito a riconoscere quando e perché i programmi di affiliazione fossero veramente seri e proficui e quando soltanto una perdita di tempo. Sono riuscito a capire quali strategie di vendita funzionano realmente e quali invece lasciano il tempo che trovano. Sono riuscito a capire fino in fondo cosa è realmente il marketing online e cosa invece non lo è.

E ora a distanza di oltre tre anni ho tirato le conclusioni, ho messo insieme tutti i pezzi del puzzle e finalmente ho ideato e attuato i miei progetti di marketing lavorando da casa. Perché non prima? Perché non tre anni fa? Semplice: perché se avessi progettato il mio piano di marketing online prima **avrei sicuramente fallito**, perché non avevo tutte le conoscenze necessarie al riguardo.

È stato difficile aspettare, perché avevo bisogno di guadagnare qualche soldo extra attraverso il lavoro da casa su internet *subito*. È stato difficile investire centinaia di euro in guide e in ebook senza avere la certezza che un giorno avrei recuperato gli investimenti spesi per la mia formazione in e-marketing. Ma ho tenuto duro e **ho aspettato, continuando a studiare e a dedicare tempo e denaro al marketing online** e alla mia formazione.

Oggi sono fiero del lavoro svolto, ho progettato e attuato il mio piano di lavoro da casa tramite internet, mettendo a frutto tutto quello che ho imparato. Oggi finalmente ho iniziato a guadagnare!

Per fornirti una prova del fatto che le informazioni contenute in questo corso possono realmente portarti a ottenere risultati concreti e soddisfacenti nel campo del web marketing, ti posso dire che io stesso, applicando ciò che voglio insegnarti oggi, ho avviato la mia attività professionale, la mia impresa nel campo del Web marketing.

Già dal 2007 ho iniziato, infatti, a lavorare come consulente per conto di altri professionisti e aziende del settore; nel 2009 poi ho voluto progettare qualcosa di mio, mettendo a frutto tutte le mie conoscenze ncl campo del web marketing, smettendo di lavorare come consulente esterno.

Ecco che nel 2010 nasce la **W.E.S. Web Ecommerce Solutions** di cui sono titolare. Oggi metto a disposizione servizi professionali per il web marketing oltre che corsi in formato PDF.

Autorisponditori professionali, email marketing in Italiano, hosting specifico per il web marketing, piattaforme e-commerce e molto altro.

Ricorda una cosa: nonostante io sia diventato un imprenditore, nonostante oggi sia il proprietario e ideatore di diversi servizi di una certa rilevanza nel campo del web marketing italiano, rimango sempre e comunque il "ragazzo" che nel 2000 accese il suo primo PC senza sapere minimamente come funzionasse e cosa fare.

Sono sempre quel "ragazzo" autodidatta senza una laurea in informatica e neppure in economia. Dato che il mio "cervello" non è superiore al tuo, il fatto che io in questi anni sia riuscito a mettere in pratica ciò che ho imparato studiando il web marketing concretizzando realmente un'attività online, significa solo e soltanto una cosa: **puoi farlo anche tu!**

Questo ebook fa parte del mio progetto. Ho deciso di scriverlo proprio perché dopo anni di ricerche di mercato e di confronto ho capito che oggi **io posso offrirti il meglio**. In questi anni ho visto migliaia di proposte e di promesse, ma non è giusto che solo coloro che possono investire diverse centinaia di euro abbiano la possibilità di guadagnare realmente attraverso internet.

Perché proporre alla gente la soluzione ai propri problemi economici attraverso corsi o consulenze dalle cifre esorbitanti? La cosa più bella e soddisfacente dello sviluppare prodotti sul marketing e sul lavoro online è pensare che attraverso essi anche e soprattutto persone **con poche capacità economiche, ma con tanta passione e forza di volontà**, possono risollevarsi economicamente e raggiungere una situazione finanziaria che permetta loro di vivere meglio. Questa idea mi ha realmente motivato a lavorare sodo per offrirti "il meglio" e racchiuderlo in questo ebook di oltre 200 pagine. Io posso aiutarti a iniziare **subito a guadagnare** tramite internet lavorando semplicemente da casa con il tuo computer. Ecco perché acquistando questo ebook hai fatto la scelta migliore.

Siamo nell'*era 2.0*, nella quale l'utente diventa creatore di contenuti di ogni tipo, quindi anche tu hai la possibilità di creare una vera attività redditizia online, grazie agli strumenti che il Web

2.0 ti mette a disposizione. Devi solamente imparare a utilizzarli e sfruttarli al meglio.

Nel corso di questi anni, il web marketing si è sviluppato sempre di più, grazie anche alle tecnologie web 2.0 che avanzano in maniera straordinaria. Questo è positivo, ma c'è un anche un aspetto negativo al quale bisogna prestare la massima attenzione.

Se dedichi solo dieci minuti a cercare in rete informazioni riguardanti il web marketing, come realizzare un business online, come creare rendite online o comunque come guadagnare online, ti accorgerai che a differenza di alcuni anni fa, oggi ci sono centinaia di *marketer* e *infomarketer* che ti propongono i loro infoprodotti promettendo di svelarti i segreti per guadagnare migliaia di euro ogni mese.

Oggi il numero di coloro che si auto-propinano come "esperti del settore" si è quadruplicato. Con questo non voglio assolutamente dire che l'ebook o i corsi di Pasquale Miele siano migliori di quelli di altre persone. Voglio esortarti a prestare attenzione per imparare a "destreggiarti" fra l'enorme quantità di informazione che ti viene proposta al fine di realizzare qualcosa di concreto online, indipendentemente dal fatto che l'argomento trattato sia il web marketing o il posizionamento sui motori di ricerca.

Voglio che tu, prima di considerare attendibili tutte le informazioni che ti vengono proposte, sia a pagamento sia a titolo gratuito, sappia valutare la professionalità di chi te le propone, la sua attendibilità nel campo del web marketing, i suoi risultati raggiunti specialmente per ciò che riguarda l'argomento di tuo interesse, argomento per il quale un infomarketer vuole insegnarti qualcosa.

Oggi hai a disposizione anni di studi e di esperienza, centinaia di ore e centinaia di euro investiti! Li hai tutti in questo ebook e ti permetteranno di realizzare qualcosa di concreto. Non è fantastico?

Hai appena acquistato un corso accelerato di enorme valore, che ti porterà concretamente alla creazione del tuo web marketing, gestibile in piena autonomia attraverso il tuo computer. Lo sarà ancora di più man mano che andrai avanti nella lettura di questa guida e scoprirai quanti strumenti ti mette a disposizione il web

2.0 e come puoi sfruttarli per iniziare subito un'attività proficua online.

Quindi non mi resta che augurarti...

Buona lettura!
Pasquale Miele

GIORNO 1:
Come il Web 2.0 può farti guadagnare

È statisticamente dimostrato che la maggior parte delle persone nel mondo non è soddisfatta del proprio lavoro. I ritmi di vita si fanno sempre più intensi, perché il costo della vita è in continuo aumento e le ore dedicate al lavoro sono in forte crescita, proprio per far fronte a questo carovita a senso unico. Il tempo da dedicare alla famiglia si riduce sempre di più, man mano che passano gli anni; il risultato è che il lavoro genera sempre più insoddisfazione e questo stile di vita a lungo andare causa stress mentale e fisico.

E il senso di insoddisfazione si rende ancora più evidente con la consapevolezza che le cose non si possono cambiare, se non si vuole correre il rischio di non guadagnare abbastanza per far fronte alle spese quotidiane o comunque per mantenere (o raggiungere) lo stile di vita che ci siamo prefissati.

Allora, cosa può rendere soddisfatta una persona quanto un lavoro da casa, svolto in piena autonomia, senza costi e soprattutto senza tenerla lontana dalla sua famiglia per molte ore? Ogni mattina, mentre faccio ritorno verso casa dopo aver accompagnato mia figlia a scuola, mi soffermo a osservare un ragazzo di mia conoscenza, che verso le 8.30 si incammina con la sua valigia professionale verso il suo ufficio, distante circa 400 metri dalla sua abitazione.

Prima di varcare la porta d'entrata si concede una ricca colazione al bar, consapevole del fatto che svolgerà il suo lavoro quotidiano davanti al suo portatile posto su un'ampia scrivania, in un locale climatizzato a dovere e, soprattutto, consapevole del fatto che a fine giornata avrà guadagnato abbastanza da permettersi di tornare a casa dalla sua famiglia, senza pensieri o preoccupazioni.

Caspita, è il sogno di ognuno di noi! Alzarsi la mattina, fare una buona colazione con calma, accompagnare i figli a scuola, rientrare a casa e sedersi su una comoda poltrona, davanti al computer, sapendo che al termine del lavoro avremo guadagnato abbastanza da renderci veramente soddisfatti! È favoloso! È una soddisfazione indescrivibile! Beh! Sappi che non ci vuole molto per poter lavorare in questo modo. Non si guadagna solamente lavorando duro nella nostra azienda o nel cantiere presso cui ci rechiamo ogni giorno! *Guadagnare lavorando comodamente da casa tramite internet è oggi una realtà affermata*; molti lo stanno già facendo, sfruttando al meglio il web 2.0 e tutti gli strumenti che offre. Basta solamente seguire le strategie giuste, i consigli giusti e naturalmente avere "forza di volontà".

Alcuni anni fa, forse, alcuni aspetti strettamente legati al web marketing, potevano risultare abbastanza contorti e difficili da applicare specialmente per i neofiti, persone alle prime armi con il web 2.0 e i suoi strumenti.

Anni fa, per alcuni poteva essere difficile creare e gestire un sito web, creare anche una sola pagina web, per non parlare poi di gestire magari diversi siti web su tematiche di mercato differenti. Oggi grazie alle tecnologie 2.0 è diventato tutto molto più facile. Ti posso assicurare che tutti i miei clienti sono in grado di creare un sito web gestibile direttamente online in soli 45 secondi, senza conoscere nulla di html, php e senza essere in grado di installare uno script su spazio web. Tutto questo grazie a strumenti particolari adatti e specifici per il web marketing di cui ti parlerò più avanti.

SEGRETO n. 1: Anche tu puoi guadagnare da casa e avviare un'attività di marketing online, grazie agli strumenti che il Web 2.0 ti mette a disposizione.

Già, perché sicuramente conoscerai il famoso detto **"volere è potere"**. Ecco, dopo aver letto questa guida sarai solamente tu a decidere se agire oppure semplicemente sbarazzartene come se fosse "carta straccia".

Sappi che il web offre molte opportunità, ma bisogna lavorare sodo, essere determinati e non meno importante avere la giusta autostima, ossia credere fortemente nei propri progetti, in quello che si vuole realizzare e proporre al mercato. Queste prerogative mi hanno permesso di realizzare con successo tutti i progetti superando problemi, difficoltà e "incidenti di percorso". Nella lunga carriera del web marketing e della tua attività online, potrai commettere tanti errori come ne ho commessi io. Ma credimi, gli errori sono forse la cosa più preziosa che la tua carriera lavorativa ha da offrirti, perché ti permettono di acquisire esperienza, giuste metodiche di correzione e, alla fine, ti permetteranno di diventare ancora più esperto nel tuo settore, ancora più professionale e in grado di superare problemi e difficoltà anche di una certa rilevanza.

Se non *sbagli*, non potrai mai imparare a lavorare correttamente; se non *provi*, non potrai mai sapere l'esito di una metodica. Se non sbagli e non provi la crescita della tua esperienza lavorativa e del tuo business saranno limitati e circoscritti.

A proposito di "mercato", devi sapere che gli italiani dedicano ogni settimana oltre 198 milioni di ore al web. Sembra proprio che oggi gli italiani si siano "innamorati" di internet e delle sue risorse, tanto che mai come oggi i media reclamizzano il fatto che Internet è entrato prepotentemente nella vita di ogni italiano. Ed è una realtà sempre più evidente! Ogni italiano dedica circa sei ore settimanali alla ricerca di qualcosa sul web. Non sto parlando di adolescenti o bambini, sto parlando di internauti assidui, per lo più uomini di età compresa tra i diciannove e i trentacinque anni. Sto parlando di oltre 300 milioni di internauti alle prese con la rete internet globale. Ma cosa cercano questi navigatori? Cercano qualcosa che *anche tu* potresti offrirgli!

Soffermiamoci a ragionare un attimo sull'informazione. Oggi è un dato di fatto, il libro digitale o "ebook" ha preso quasi il posto del libro cartaceo, e la richiesta di "informazione" attraverso i motori di ricerca è aumentata in maniera drastica.

Infatti, i cosiddetti *information products* generano ogni anno oltre il 25% di tutte le vendite tramite internet e questa percentuale è in rialzo ogni anno che passa. Basti pensare che solamente pochi anni fa quasi nessuno mostrava la benché minima intenzione di acquistare una guida o un libro attraverso internet; la gente preferiva armarsi di pazienza e recarsi nei supermercati e nelle librerie della propria zona.

Oggi, al contrario, quasi nessuno mostra la minima intenzione di scomodarsi per andare a cercare un libro oppure una guida nella biblioteca o nel supermercato vicino casa, ma la maggioranza preferisce cercare le informazioni attraverso il canale internet e acquistare ciò che ritiene soddisfacente per il proprio interesse.

Il grande successo di molti editori di prodotti digitali è una chiara dimostrazione del fatto che l'informazione, gli infoprodotti, gli ebook, stanno vivendo da protagonisti il mercato odierno dell'informazione.

Tradotto in altre parole: **la gente è sempre più disposta a pagare per ricevere le informazioni cui è interessata** e cerca queste informazioni dedicando 198 milioni di ore a settimana alla navigazione su Internet.

Ma la potenzialità del web 2.0, del web marketing in generale non è circoscritta solo ed esclusivamente agli ebook, agli infoprodotti e al digitale. Le nuove tecnologie web 2.0 hanno, infatti, permesso a molte persone di vendere prodotti fisici di qualunque genere attraverso il web. Ti basti pensare, che oggi, attraverso alcuni strumenti specifici per il web marketing, è possibile avere a disposizione un negozio online funzionante e pronto da utilizzare in meno di 5 minuti con investimenti davvero minimi, di circa 9-10 euro al mese.

Tutto ciò ha fatto sì che il web marketing 2.0, per quanto riguarda la vendita di prodotti sia fisici che digitali, è riuscito a "muovere" soldi e lavoro lì dove il mercato tradizionale, di fronte alla crisi economica, non è riuscito a fare. D'altro canto, grazie al web 2.0 possiamo parlare di costi di gestione drasticamente inferiori, spese ridotte ai minimi termini e quindi grandi possibilità di business che rimangono tali anche di fronte a crisi economiche, situazioni in cui se non hai a disposizione un sistema che ti permette di vendere a 360 gradi (online, non hai limiti territoriali e di visibilità), e con costi di gestione ridotti o prossimi allo zero, sei costretto a chiudere i battenti.

Grazie a queste nuove tecnologie e al web marketing 2.0, ogni giorno vengono sottoscritti centinaia e centinaia di conti correnti bancari via web, contratti per carte di credito, contratti telefonici e moltissimi altri servizi che sono sempre e comunque *online.*

Capisci quello che voglio dirti? Sto parlando di oltre 2,5 miliardi di pagine web e di una comunità di 300 milioni di utenti che ogni giorno si rigenera. Ogni giorno una persona acquista tutto il necessario per navigare in internet (computer, connessione ecc.), ogni giorno qualcuno effettua un acquisto tramite internet, ogni giorno un nuovo utente fa queste cose, mentre quelli che le hanno già fatte ieri cercano nuove risorse e migliorano sempre di più la loro navigazione e il loro modo di utilizzare il Web 2.0.

SEGRETO n. 2: La rete continua a crescere e rigenerarsi in modo estremamente rapido e tu hai ogni giorno la possibilità di mostrare ad ogni utente qualcosa che potrebbe interessargli, dando vita al tuo business.

Questo è ciò che ha fatto qualche anno fa un ragazzo di nome Alex Tew. Sicuramente da qualche parte avrai già letto della sua intuizione. **Chi è Alex Tew?** Un semplice studente universitario con tanta forza di volontà e fantasia! Alex Tew aveva bisogno di soldi per sostenere le spese che i suoi studi universitari comportavano, ed ecco che un bel giorno decise di sfruttare in qualche modo uno degli strumenti che il web 2.0 gli offriva, ossia la possibilità di creare e pubblicare una pagina web. Così inventò un **sito web composto di una sola pagina** e la chiamò www.milliondollarhomepage.com. Osservala attentamente:

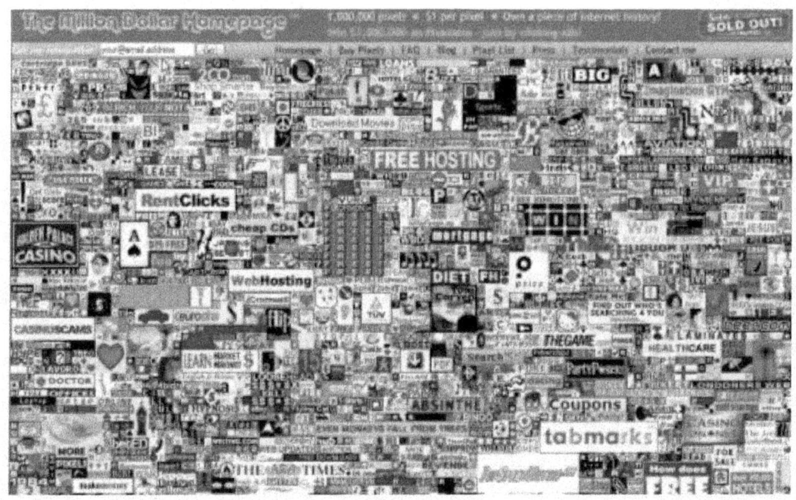

E che cos'è questa pagina confusionaria e poco chiara? Un'unica pagina web di 1000x1000 pixel, una buona indicizzazione sui motori di ricerca e il sig. Alex Tew decise di vendere ogni singolo spazio della sua pagina web come spazio pubblicitario a un dollaro cadauno! Risultato: **1 milione di dollari in meno di sei mesi grazie a INTERNET**. Oggi impegnarsi per creare una vera e propria attività di vendita tramite internet da casa può equivalere a una miniera d'oro.

È vero che oggigiorno le cose sono un pochino cambiate e che sarebbe molto difficile con la stessa identica pagina di Alex

Tew, vendere così tanti spazi pubblicitari. Oggi di "ipotetici" Alex Tew possono essercene centinaia, la concorrenza è aumentata sensibilmente, ma con essa anche le possibilità di monetizzare attraverso una pagina web o un sito.

Oggi, infatti, sono molti che attraverso semplici siti o pagine web, o blog e forum di discussione, riescono a monetizzare con la pubblicità, l'affiliazione e la vendita di spazi pubblicitari.

Da notare il fatto che oggi è sufficiente avere un servizio di hosting con determinate specifiche, e anche senza alcuna competenza tecnica puoi avere a tua disposizione un blog, un sito web, un forum di discussione, un portale social e addirittura tutti e quattro insieme, investendo meno di 10 euro mensili o 90 euro annuali.

SEGRETO n. 3: Lavorare da casa tramite internet ha anche il grande vantaggio di essere un'attività a costo zero!

Zero è infatti il costo per riprodurre e spedire al consumatore informazioni pubblicate elettronicamente. Pensa un attimo a come potrebbe essere interessante avere il tuo business personale nella pubblicazione online, essere l'autore di uno o più prodotti unici e venderli online in modo completamente automatizzato, anche mentre ti occupi di altre faccende non legate al tuo lavoro!

Immagina un'attività in cui non ci sono costi di magazzino, costi di spedizione e puoi praticamente raccogliere i frutti del tuo lavoro 24 ore al giorno. Ebbene, internet, attraverso il Web 2.0, ti dà questa possibilità e tu devi assolutamente sfruttarla a pieno regime. Ora che sicuramente hai capito quali reali opportunità hai a disposizione attraverso il Web 2.0, devi iniziare con il prefissarti degli obiettivi.

SEGRETO n. 4: Avere degli obiettivi da raggiungere è fondamentale per portare a termine ciò che intendi fare.

Perciò la prima cosa che devi fare è quella di **porti degli obiettivi e fissare una data di scadenza per ogni obiettivo** che vuoi raggiungere, questo ti darà la giusta motivazione per essere costante nell'impegno.

Scrivi tutto su un quaderno o un'agenda che percorrerà

insieme a te la strada verso il raggiungimento di tali obiettivi; utilizza una o più pagine per ogni obiettivo prefissato, annotando anche ogni idea utile che ti verrà in mente per il raggiungimento degli stessi. Non tralasciare nulla e soprattutto **porta l'agenda sempre con te**. Ciò che scriverai ti aiuterà a essere sempre determinato a raggiungere la tua meta. I tuoi obiettivi devono necessariamente essere coerenti, cioè devi poterli raggiungere senza compromettere in alcun modo la tua salute fisica e mentale.

Ti faccio un esempio: quando ho cominciato a studiare il marketing e le sue strategie mi ero prefissato l'obiettivo di concludere una ricerca su una particolare strategia di vendita entro tre giorni. Ho passato letteralmente ore e ore davanti al monitor del computer senza pause per riuscire a raggiungere l'obiettivo che mi ero posto.

Il risultato? Non ho raggiunto l'obiettivo perché il primo giorno ho dedicato troppe ore alle mie ricerche davanti al mio computer e ho completato il 50% del lavoro, il secondo giorno ero un po' "fiacco" e quello che leggevo non lo capivo, e mi toccava rileggerlo almeno due o tre volte per comprenderlo a pieno, ho così completato il rimanente 20% del lavoro.

Il terzo giorno non sono riuscito neanche ad accendere il computer! Avevo una forte emicrania e il solo pensiero di mettermi davanti al monitor del PC per ultimare il lavoro mi dava la nausea.

Allora ho capito che nel pormi gli obiettivi e le date di scadenza dovevo essere più coerente con la logica, rispettare il mio fisico e la mia mente. Ora ciò che è accaduto a me ha poca importanza; quello che è importante, invece, è ciò che tu ti prefiggerai dopo aver letto questa guida.

Non avere fretta di raggiungere i tuoi obiettivi, perché altrimenti pregiudicherai irrimediabilmente il tuo business e il tuo futuro. Immagina per un attimo di voler costruire una casa per te e per la tua famiglia: è un obiettivo di una certa importanza, vero? I lavori partono e le fondamenta sono la prima tappa da raggiungere; poi vengono i pilastri e dopo ancora, finalmente, potrai iniziare a erigere i muri perimetrali della tua casa, fino ad arrivare a quelli interni e al completamento degli impianti. Ti sogneresti di tralasciare qualche pilastro per guadagnare tempo e iniziare prima a “tirare su” i muri? O magari di eliminare una o due stanze interne per iniziare subito a lavorare per l’impianto elettrico? Assolutamente no! Se lo facessi, comprometteresti notevolmente il raggiungimento del tuo obiettivo primario: una casa tutta tua.

Ebbene, ricorda sempre che per creare un tuo marketing, che ti permetta di lavorare e guadagnare da casa attraverso internet in maniera efficace, **non devi bruciare le tappe**. Ci vuole il giusto tempo; le strategie hanno bisogno di tempo per portare risultati concreti, come una torta ha bisogno del suo tempo di lievitazione.

Sono diversi anni che lavoro nel campo del web marketing, eppure tuttora il mio strumento primario è ancora un block notes e una penna. Recentemente ho dato uno sguardo ai miei appunti che conservo sempre con cura, anche quelli riferiti a diversi anni fa. Il fatto di rileggere come ho progettato un determinato business anni fa, come l’ho sviluppano nel tempo e quali correzioni ho apportato al progetto stesso, mi serve ogni volta per capire come devo “muovermi” per realizzare una nuova idea.

Il fatto di aver messo per iscritto tutti gli obiettivi che mi ero prefissato nella realizzazione di un determinato progetto, mi ha permesso di portare avanti il mio lavoro con impegno e perseveranza e di farne un modello come oggetto di studio per i progetti futuri.

Tutto però ha avuto i suoi tempi, e tali tempi vanno rispettati senza cercare scorciatoie. Se ritieni di non avere tutte le competenze necessarie sufficienti per portare a termine un progetto di business, e sei costretto a interromperlo, non devi assolutamente scoraggiarti. Un progetto di business in stand-by non significa un fallimento, significa piuttosto un'opportunità in più per portare a termine un lavoro ancora migliore.

Prenditi il tempo necessario per acquisire le competenze di cui hai bisogno, per documentarti e per studiare in maniera approfondita il mercato riferito a quella nicchia, poi quando ti senti davvero pronto, riprendi in mano il tuo progetto, riguarda gli obiettivi prefissati e porta a termine il tuo lavoro!

Anche in questo caso, gli appunti sono essenziali, gli obiettivi ancora di più, così come la tua capacità di non bruciare le tappe ma di rispettare i giusti tempi.

SEGRETO n. 5: Poniti obiettivi coerenti e riservati il giusto tempo per raggiungerli pienamente.

Io t'insegnerò a sfruttare appieno gli strumenti che il Web 2.0 ti mette a disposizione per creare un tuo sito, che svolgerà la funzione di generare costanti guadagni per le tue tasche; un sito web che venda prodotti da te ideati o prodotti di altri, un sito che attiri visitatori ogni giorno e che generi pubblicità proficua. Questo ti permetterà di iniziare subito a guadagnare, ed io ti mostrerò le migliori strategie per creare un business senza spendere soldi o addirittura un vero "Web Asset" professionale investendo cifre davvero irrisorie!

Poi sarai tu a porre i tuoi obiettivi e a modificare eventualmente il percorso usato per raggiungerli. Ma la cosa importante è che dopo aver letto questo ebook conoscerai tutte le opportunità e potrai sfruttarle subito attraverso internet. Verrai a conoscenza delle migliori strategie per sfruttare al massimo ciò che il Web 2.0 ti mette a disposizione, e avrai tutto ciò che ti serve per iniziare alla grande.

RIEPILOGO DEL GIORNO 1:

- SEGRETO n. 1: Anche tu puoi guadagnare da casa e avviare un'attività di marketing online, grazie agli strumenti che il Web 2.0 ti mette a disposizione.
- SEGRETO n. 2: La rete continua a crescere e rigenerarsi in modo estremamente rapido e tu hai ogni giorno la possibilità di mostrare ad ogni utente qualcosa che potrebbe interessargli, dando vita al tuo business.
- SEGRETO n. 3: Lavorare da casa tramite internet ha il grande vantaggio di essere un'attività a costo zero.
- SEGRETO n. 4: Avere degli obiettivi da raggiungere è fondamentale per portare a termine ciò che intendi fare.
- SEGRETO n. 5: Poniti obiettivi coerenti e riservati il giusto tempo per raggiungerli pienamente.

GIORNO 2:

Come lavorare attraverso le affiliazioni

I programmi di affiliazione sono una soluzione a dir poco straordinaria per avviare subito il tuo marketing online, poiché ti permettono di cominciare a lavorare da casa, anche se non hai un prodotto tuo da vendere. Ti garantisco che dopo aver letto questo ebook potrai crearti immediatamente un piano marketing che ti permetterà di lavorare da casa e guadagnare senza spendere un solo euro, proprio grazie ai programmi di affiliazione.

Prova a utilizzare Google come motore di ricerca digitando la parola «affiliazioni»; sarai indirizzato verso decine di aziende che sono disposte a dividere il loro guadagno in cambio della tua collaborazione, attraverso programmi di affiliazione o l'affiliazione in generale.

SEGRETO n. 1: Le affiliazioni sono un potente strumento che ti permetterà di avviare subito il tuo business online in modo semplice ed efficace.

Come funzionano i programmi di affiliazione? Queste collaborazioni non si basano sul contatto personale, perciò non richiedono nessuna esperienza nella vendita. La società che ti propone l'affiliazione ti riconoscerà una percentuale sulle vendite da te generate, che variano in base al tipo di società affiliante.

Come potrai generare delle vendite? Una volta che avrai richiesto l'affiliazione alla società affiliante (in genere si fa semplicemente compilando un form di iscrizione sul sito web della società stessa) riceverai *username* e *password,* che ti permetteranno di accedere al pannello di controllo. All'interno del pannello potrai prelevare link testuali o banner grafici pubblicitari da inserire nelle pagine del tuo sito web.

Se un qualunque visitatore del tuo sito dovesse essere interessato al banner pubblicitario relativo al prodotto (o ai prodotti) della società affiliante e decidesse di cliccare sul banner e acquistare il prodotto, tu riceveresti la commissione stabilita. Il software che gestisce il programma di affiliazione riconoscerà, infatti, che l'**acquisto è stato generato attraverso il tuo sito web mediante il tuo codice affiliato già presente nel banner che tu hai**

inserito nel tuo sito. Così la società affiliante stornerà sul tuo conto la provvigione concordata.

Cosa succede se un visitatore clicca sul banner ma poi abbandona la pagina e decide solo in un secondo momento di acquistare il prodotto da te pubblicizzato? Tu ricevi comunque la tua provvigione, perché il software che gestisce il programma di affiliazione mantiene in memoria per un certo periodo il percorso di provenienza della vendita generata. Questo periodo varia in base alle società affilianti. Può andare da uno a sei mesi o può essere anche di un anno. Nel valutare i vari programmi di affiliazione quest'aspetto è da tenere in alta considerazione.

Ma ora sicuramente ti chiederai: «Come posso capire se un programma di affiliazione è serio e affidabile oppure no?» Questa domanda merita una risposta approfondita. Tra le varie società e aziende che offrono un'affiliazione, troverai delle sostanziali differenze, perché una società può offrirti delle commissioni calcolate in base ai seguenti criteri:

- **impressions visualizzate**: l'affiliato viene pagato per ogni banner visualizzato sul proprio sito indipendentemente dal fatto che questo venga cliccato o generi una vendita;

- **click sui banner/link**: l'affiliato viene pagato per ogni click o visitatore unico che porterà sul sito della società affiliante, anche in questo caso indipendentemente dal fatto che ciò generi una vendita oppure no. Questo sistema viene utilizzato soprattutto per aumentare il traffico verso il proprio sito web; si tratta di una sorta di campagna pubblicitaria a costi contenuti;
- **leads (contatti utili)**: l'affiliato viene pagato per il raggiungimento di un obiettivo specifico, ad esempio l'**iscrizione alla mailing list oppure al sito stesso**, la **compilazione di una richiesta o di un form specifico** da parte del visitatore che proviene dal sito web dell'affiliato;
- **vendite (sales)**: l'affiliato viene pagato per ogni vendita generata, proveniente dal suo sito web. Tieni presente che le affiliazioni basate esclusivamente sulle vendite sono quelle più sicure ed economicamente vantaggiose; oltre a ciò, sono le più diffuse negli ultimi anni; quindi prima di tutto indirizza la tua attenzione verso questo tipo di affiliazioni.

SEGRETO n. 2: Evita di affiliarti con società che ti pagano in

base a click, impressions o leads.

Non faresti altro che perdere tempo, riempiendo inutilmente il tuo sito web di banner che non ti darebbero alcun risultato. Questi programmi, infatti, si basano quasi esclusivamente sulla vendita o sulla promozione di spazi pubblicitari. Questo tipo di business non è abbastanza affermato da garantire introiti considerevoli e sicuri, non è un obiettivo primario da porsi o da raggiungere. Ora che hai focalizzato la tua attenzione sulla tipologia di affiliazione adatta, tieni presente questi altri aspetti essenziali.

Costi

L'iscrizione, o comunque la partecipazione al programma di affiliazione deve essere *gratuita*, altrimenti diffida dal partecipare. Eventuali affiliazioni speciali che richiedono all'affiliato il pagamento di un canone mensile a fronte del riconoscimento di una percentuale di commissioni maggiore, vanno valutate caso per caso, ma sicuramente è preferibile che tale programma possa garantire commissioni di tipo ricorrente o comunque commissioni abbastanza alte e riferite a prodotti di fascia elevata oltre che molto richiesti sul mercato.

Prodotti

La società affiliante che ti paga per ogni vendita generata deve renderti disponibili prodotti di “qualità”, altrimenti, oltre a danneggiare la tua immagine professionale (ricorda che sul *tuo* sito pubblicizzerai i *loro* prodotti), non guadagnerai le tue commissioni (nessuno comprerebbe un prodotto scadente o di poca utilità).

Come puoi valutare coerentemente i prodotti offerti? Prima cosa guarda come sono presentati, quali caratteristiche hanno, confrontali con altri prodotti concorrenti, valuta che il prezzo sia appetibile e non sconsideratamente alto. In ultima analisi, se hai la possibilità di testarli acquistandoli, avrai un quadro ancor più completo.

Settore

I prodotti o servizi da pubblicizzare a quale settore appartengono? **Non puoi promuovere dei prodotti oppure servizi che non centrano nulla con il contenuto del tuo sito**. Esempio: se il tuo sito web parla di musica, non puoi promuovere scarpe oppure vacanze, altrimenti il rapporto di conversione tra i visitatori che tu porterai al sito della società affiliante e le vendite generate sarà molto basso e guadagnerai poco e niente. Quindi **il programma di affiliazione deve essere coerente con il tuo settore**. Oppure, se il tuo sito web tratta vari argomenti generali, essendo impostato come "portale multiservizio", puoi prendere in considerazione il fatto di indirizzare i banner alle pagine contenenti argomenti coerenti al settore.

Nulla ti vieta ovviamente di promuovere diverse tipologie di prodotti anche riferiti a diverse nicchie di mercato. In tal caso, è sempre opportuno creare un sito web dedicato a ciascuna nicchia di mercato, in cui promuovere diversi prodotti riferiti a quella nicchia.

Gestire diversi siti web potrebbe essere più impegnativo, ma sicuramente ti darebbe la possibilità di diversificare il tuo business affiliato, oltre che allargarlo ulteriormente su più fronti. Il fatto di dover creare e gestire diversi siti web non deve spaventarti assolutamente, perché oggi, grazie agli strumenti messi a disposizione dai servizi di hosting professionale, puoi creare molti siti web in pochi secondi, gestirli direttamente online attraverso il tuo personale pannello di amministrazione, e addirittura identificarli con dei sotto-domini se non ritieni opportuno registrare nuovi domini per ciascuno di esso. Il tutto senza costi aggiuntivi e gestito unicamente dal tuo pannello hosting. Ne parleremo in seguito.

Durata cookies

Ho accennato prima al fatto che un visitatore può cliccare sul banner, per poi abbandonare la pagina e decidere solo in un secondo momento di acquistare il prodotto da te pubblicizzato. Questo avviene nella maggior parte dei casi, ma tu ricevi comunque la tua provvigione, perché il software che gestisce il programma di affiliazione mantiene in memoria per un certo periodo il percorso di provenienza della vendita generata e lo fa attraverso file chiamati "cookies". Questo periodo varia in base alle società affilianti e va da un mese a un anno. Altre società affilianti dimostrano chiaramente la loro serietà e professionalità mantenendo in memoria i "cookies" anche per dieci anni.

Nel valutare i vari programmi di affiliazioni quest'aspetto è da tenere in alta considerazione. Un **buon programma di**

affiliazione deve garantire la durata dei cookies per almeno un anno; questo può portare un ritorno economico nel tempo che ripaga il lavoro da te svolto.

È statisticamente dimostrato, infatti, che **quasi nessuno effettui l'acquisto tramite un sito web alla prima visita**! Generalmente passano alcuni giorni e in alcuni casi addirittura mesi; è il tempo necessario che il visitatore impiega per cercare e confrontare quel prodotto con altri concorrenti o cercare recensioni del prodotto stesso.

Qualità e semplicità

Il servizio che ti viene offerto deve essere semplice e di qualità. Considera questi aspetti:

- l'iscrizione deve essere semplice e non macchinosa;
- i banner offerti devono essere *numerosi* e non uno o due;
- il pannello di controllo deve darti la possibilità di visualizzare tutte le informazioni relative ai click e alle vendite generate, nonché lo storico dei pagamenti; deve farlo *in modo semplice* e soprattutto *in tempo reale*;
- un buon programma di affiliazione segue i propri affiliati,

indicando periodicamente *aggiornamenti* relativi a prodotti, nuovi banner e/o link, strumenti ecc.

Tenendo presente questi fattori sarai in grado di fare le tue valutazioni.

SEGRETO n. 3: Con gli strumenti che ti ho fornito potrai riconoscere i programmi di affiliazione seri e professionali con i quali impostare il tuo marketing online.

Le due principali società che soddisfano i requisiti appena citati, offrendo un serio programma di affiliazione per quanto riguarda il network pubblicitario, sono **Tradedoubler** (visita il sito www.tradedoubler.com) e **Zanox** (visita il sito www.zanox.it).

Personalmente ti consiglio di indirizzare la tua attenzione su Zanox, un serio programma di affiliazione pubblicitaria che vanta più di 1000 inserzionisti e ti dà la possibilità di:

- scegliere banner o link pubblicitari in base alla tipologia da te preferita;
- scegliere banner o link pubblicitari in base al tipo di

commissione generata;

- scegliere banner da inserire in pagine web o link da inserire come firma nella tua email;
- passare da un livello principiante a livello esperto;
- usare sistemi professionali di alto livello;
- guadagnare denaro fin da subito, anche senza alcuna esperienza.

Considera infine che tutte le offerte sono totalmente gratuite e senza impegno. Non serve neanche conoscere Internet. Hai la possibilità di usufruire di numerose offerte esclusive con cui massimizzare i tuoi profitti. Il servizio che Zanox mette a disposizione è davvero completo:

- sarai informato, se vuoi, settimanalmente tramite email, dei compensi ricevuti (commissioni generate);
- sarai informato, sempre se vuoi, settimanalmente tramite email, dei nuovi programmi disponibili con compensi maggiori;
- i compensi ti saranno accreditati direttamente sul tuo conto corrente bancario o postale.

Ovviamente l'iscrizione è gratuita e nel tuo pannello di controllo personale potrai monitorare costantemente l'andamento del programma stesso attraverso la visualizzazione delle commissioni guadagnate e delle statistiche, richiedere il pagamento e ricercare altri programmi disponibili. Per avere un'idea di come il servizio offerto da Zanox sia veramente completo, osserva quanto il pannello di controllo sia ricco di informazioni in tempo reale e nello stesso tempo semplice da consultare.

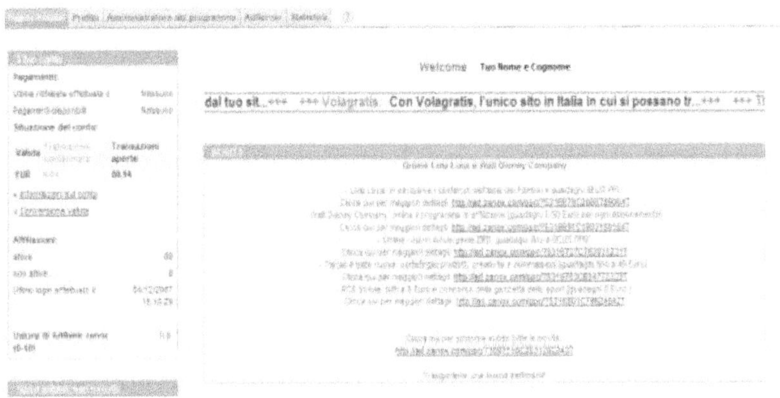

Ovviamente puoi scegliere i programmi tra quelli disponibili in base alle categorie di tuo interesse, valutando per ognuno i rispettivi margini di guadagno e i tempi d'approvazione delle commissioni stesse.

Ce ne sono veramente molti a disposizione e per ognuno di essi potrai confrontare la commissione che ti sarà riconosciuta sulle vendite generate e molti altri particolari, che ti permetteranno di conoscere in quale modo opererà la società affiliante.

SEGRETO n. 4: Crea e pubblica online un sito web dedicato esclusivamente alle affiliazioni presenti in Zanox, una sorta di "portale delle offerte", con diverse categorie di navigazione.

Come puoi sfruttare al 100% il servizio di Zanox?

Ad esempio:

- abbigliamento e accessori;

- assicurazioni e finanze;
- auto e moto;
- biglietti vacanze;
- casa e giardino;
- cibi e bevande;
- computer e giochi;
- elettrodomestici;
- email marketing;
- sport e svago;
- foto e video;
- Hi-Fi TV e video;
- lavoro da casa;
- libri, musica e film;
- notizie e informazioni;
- servizi internet.

Per ogni categoria dedicherai una o più pagine del tuo sito, nelle quali inserirai tutti i banner grafici o i link testuali che i programmi inclusi in Zanox ti renderanno disponibili. Ogni banner e/o link visibile in ognuna delle categorie presenti è un potenziale guadagno per te! Strutturando un sito web in questo modo, crei un vero e proprio “portale” di grandissima utilità per ogni navigatore web, sia esperto che non, offri un servizio utile e ricercato da tutti quei famosi internauti che ogni settimana dedicano 198 milioni di ore a cercare, cercare e ancora cercare.

A te invece questo sistema permette di creare una ***macchina ad alto potenziale di rendimento*****, che genera guadagni in modo completamente automatizzato**. E dico “alto potenziale di rendimento” perché qualunque banner il visitatore cliccherà con l’intenzione di effettuare un acquisto, indipendentemente dalla tipologia di prodotto o categoria cui esso appartenga, genererà per te un *guadagno*. Moltiplica questo per 100, 200, 300 visite giornaliere verso il tuo sito e tira le conclusioni.

Un ottimo sistema potrebbe essere anche quello di creare uno o più siti o blog tematici, regalare report gratuiti magari attraverso l’iscrizione alla mailing list, e inserire i banner di Zanox inerenti l’argomento trattato. In questo modo, si riesce a focalizzare l’argomento e i contenuti su un determinato settore e nicchia, e di conseguenza lavorare su una lista di parole chiave più definita.

Un sito web o Blog tematico, imperniato su un determinato argomento, ha sicuramente maggiori potenzialità in termini di indicizzazione e traffico web, rispetto a un sito generico pieno di banner pubblicitari "multi nicchia". Il mio consiglio è quindi quello di scegliere alcune nicchie ben definite, creare un sito web o blog tematico riferito a ciascuna nicchia, curarne i contenuti periodicamente inserendo notizie interessanti.

In questo contesto, i banner pubblicitari che andrai ad inserire, saranno banner che pubblicizzano prodotti o servizi attinenti con il tema trattato dal sito web, e le probabilità di generare vendite e commissioni affiliato sono ovviamente maggiori.

Capisci che prezioso strumento GRATUITO di guadagno può essere l'affiliazione a Zanox per te? Oltre a ciò considera anche che attraverso questo "portale" da te creato puoi farti pubblicità gratis! Puoi creare un sistema auto-pubblicitario che porti traffico web "mirato" verso altri obiettivi di tuo interesse.

Hai notato quali sono le categorie evidenziate tra quelle elencate prima?

- lavoro da casa;
- notizie e informazioni;
- servizi internet.

In queste categorie puoi includere una serie di link verso il tuo blog, oppure verso i tuoi minisiti dedicati ai prodotti digitali da te venduti, come per esempio gli ebook (ma di questo parliamo più avanti). Per adesso tieni in considerazione questa strategia pubblicitaria, che ti tornerà molto utile al fine di incrementare visitatori mirati verso i tuoi prodotti.

Un altro potente strumento che puoi utilizzare è un grande programma di affiliazione made in USA chiamato Clickbank. Questo programma ti permette di avviare in cinque minuti un vero e proprio business online, basato sull'info-marketing; venderai quindi infoprodotti come ebook, videocorsi e software americani. Infatti in America questo tipo di Business è affermatissimo e attraverso Clickbank avrai a disposizione una vasta scelta di prodotti di ottima qualità da poter rivendere, con commissioni che arrivano addirittura al 75% sul prezzo di vendita! Commissioni altissime!

Il programma è in inglese, ma anche se non conosci l'inglese, attraverso questa guida sarai in grado di utilizzare e sfruttare questa "macchina" per generare guadagni. Quindi Considera Clickbank come parte integrante del tuo business multiplo (**business multiplo**? Sì: capirai cos'è e come crearlo leggendo questo ebook) e inizia subito a lavorare. Vediamo insieme come fare per iniziare subito a creare un business attraverso Clickbank.

Prima di tutto devi iscriverti gratuitamente al programma di affiliazione descritto nella home page di www.clickbank.com.

Attraverso il link «**Sign Up**» che trovi in alto, ben visibile sulla home page di Clickbank, avrai accesso al form di iscrizione che dovrai compilare e inviare.

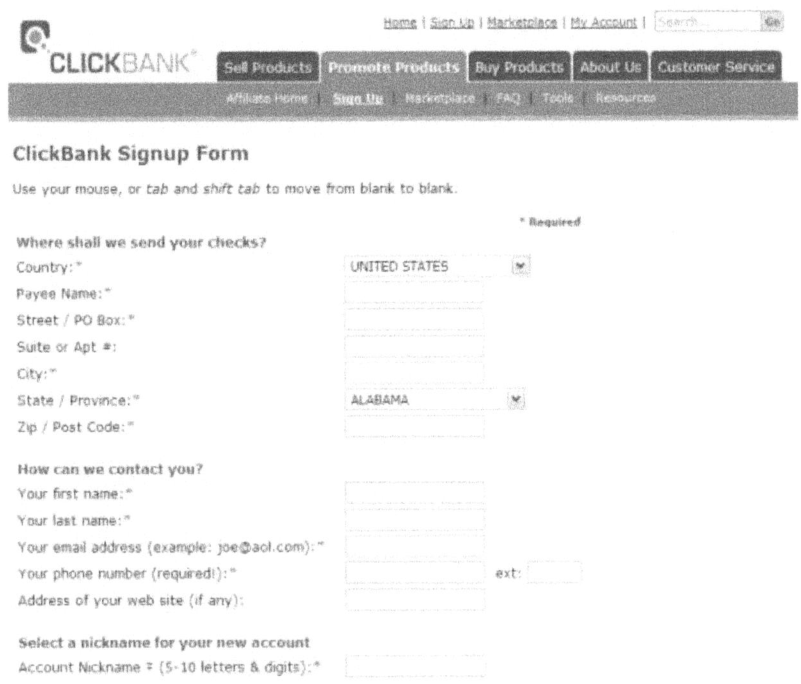
Home | Sign Up | Marketplace | My Account |

CLICKBANK

Sell Products | Promote Products | Buy Products | About Us | Customer Service

Affiliate Home | Sign Up | Marketplace | FAQ | Tools | Resources

ClickBank Signup Form

Use your mouse, or *tab* and *shift tab* to move from blank to blank.

* Required

Where shall we send your checks?

Country: * UNITED STATES

Payee Name: *

Street / PO Box: *

Suite or Apt #:

City: *

State / Province: * ALABAMA

Zip / Post Code: *

How can we contact you?

Your first name: *

Your last name: *

Your email address (example: joe@aol.com): *

Your phone number (required!): * ext:

Address of your web site (if any):

Select a nickname for your new account

Account Nickname ? (5-10 letters & digits): *

Ti sarà inviata immediatamente, tramite email, una password personale per accedere al tuo pannello di controllo e gestione, dove potrai effettuare le tue impostazioni personali e controllare il riepilogo completo riferito alle commissioni ricevute sulle vendite dei prodotti da te generate.

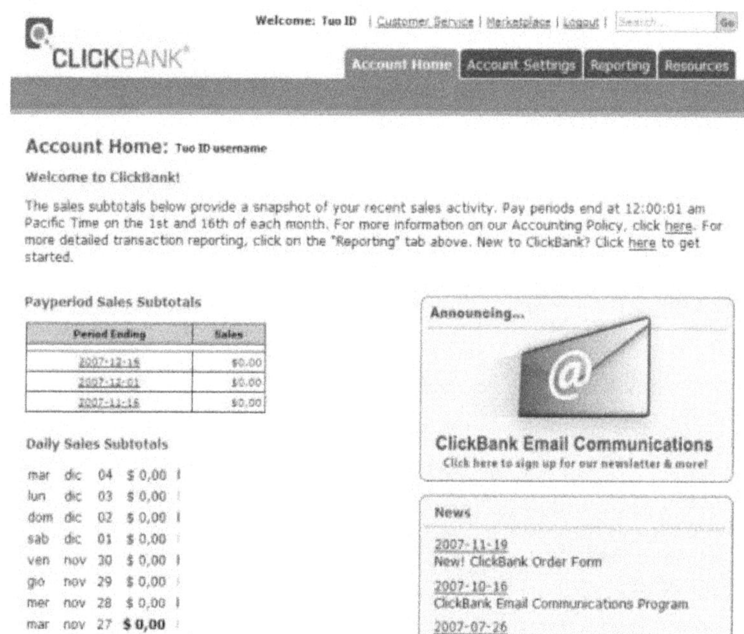

Bene, ma **dove trovo i prodotti da vendere e quali devo scegliere?** Accedi al «**Marketplace**» di Clickbank attraverso il link che trovi sempre in alto ben visibile e avrai a disposizione uno strumento di "ricerca prodotto", che potrai utilizzare per scegliere la categoria dei prodotti che vuoi vendere. In questo modo puoi optare per **prodotti coerenti con il settore che vuoi**

promuovere o prodotti che abbiano attinenza con i contenuti del tuo sito web.

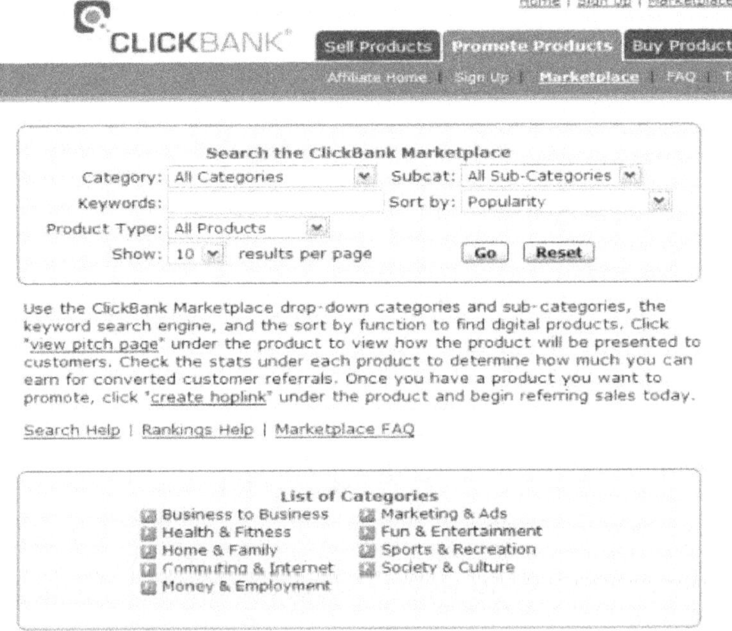

Una volta impostata la ricerca prodotti e cliccato su «**Go**», ecco che visualizzerai subito i risultati dei prodotti disponibili e tutte le informazioni necessarie a una valutazione immediata del prodotto stesso.

1) The Stock Trading Robot. Read The Sales Page. Enough Said................... Http://doublingstocks.com/affiliates.php.
$/sale: $ 38,86 | Future $: - | Total $/sale: $ 38,86 | %/sale: 75.0% | %refd: 86.0% | grav: 337,13
view pitch page | create hoplink

2) Get Google Pay-Per-Click Ads Free! One Newbie Affiliate Made $53,317 In Just 87 Days Offering This! We Show Proof At Our Affiliate Page! (Check Out Ad At Right Too!) 75% Paid Out! Newly Revised! Contains Magic Code That When Added To Any Site Instantly Eliminates Google Ppc Ads Costs!!
$/sale: $ 35,40 | Future $: - | Total $/sale: $ 35,40 | %/sale: 75.0% | %refd: 80.0% | grav: 361,94
view pitch page | create hoplink

3) Keyword Elite: New Keyword Software. Go Here For Tons Of Affiliate Tools: Http://www.keywordelite.com/affiliate/ Create 1000s Of Adsense Keywords, Dominate Adwords.
$/sale: $ 85,03 | Future $: - | Total $/sale: $ 85,03 | %/sale: 57.0% | %refd: 73.0% | grav: 128,17
view pitch page | create hoplink

4) Day Job Killer Presents... The Google Assassin. Discover How To Ruthlessly Clone The Moves Of The Six Figure Google Affiliates With A $45,000 Weapons Stash.
$/sale: $ 29,00 | Future $: - | Total $/sale: $ 29,00 | %/sale: 60.0% | %refd: 87.0% | grav: 423,96
view pitch page | create hoplink

Potrai vedere chiaramente il *prezzo di vendita del prodotto* (*riquadro blu*) e la *tua percentuale di guadagno sulla vendita* (*riquadro rosso*); in questo caso, come puoi ben vedere, si tratta del 75% di guadagno sulla vendita del prodotto. Una volta che hai scelto il prodotto che vuoi vendere, potrai consultare la pagina di descrizione del prodotto stesso cliccando sul link «**View picht page**» e creare il tuo link affiliato cliccando sul link «**Create hoplink**», che permetterà a Clickbank di capire che il prodotto è stato venduto tramite il tuo sito web o tramite il tuo annuncio.

Ecco che basterà **copiare e incollare l'hoplink** che hai creato nel tuo sito web, minisito, blog oppure nel tuo annuncio pubblicitario, e il tuo business sarà partito! Ripeti quest'operazione per tutti i prodotti che avrai scelto di rivendere e come risultato avrai un sito web quasi ed esclusivamente riservato ai prodotti di affiliazione Clickbank con potenzialità di guadagno straordinarie. Infatti, se tu scegli prodotti con commissioni del 75%, il calcolo è molto semplice e veloce.

Ipotizziamo la vendita di un ebook che costa 30 €. Il tuo guadagno per ogni copia venduta è di 22,50 €. Immagina di avere a disposizione 10 prodotti simili allo stesso prezzo e alla stessa percentuale di guadagno. Se vendi una sola copia al giorno dei 10 prodotti, guadagneresti 225 € al giorno. Ora immagina se i prodotti fossero 100 invece di 10! Alt. Non andiamo oltre con i calcoli, perché sappiamo entrambi che non è facile vendere i prodotti ogni giorno. Infatti continuando a leggere questo ebook imparerai le tecniche e le strategie per poter incrementare le tue vendite online, intanto tieni presente quanto segue:

SEGRETO n.5: Diverse persone attraverso Clickbank sono riuscite a creare un vero e proprio business automatizzato e flussi di guadagno costanti!

Il *business basato sulla vendita degli infoprodotti* è ormai da molti anni il "perno centrale" del marketing statunitense e ora sta letteralmente "esplodendo" anche in Italia. Ricordi di cosa ti ho parlato nel primo capitolo? Ci sono oltre 300 milioni di navigatori web che si connettono alla rete internet globale per cercare un'informazione! Quale miglior business potrebbe esserci, quindi, se non quello di vendere infoprodotti, cioè informazioni specifiche riguardanti una certa "nicchia" o "settore", sotto forma di ebook, videocorsi, audiocorsi, minisiti o qualsiasi altra cosa, sempre e comunque in forma digitale?

Esiste un serio programma di affiliazione italiano che offra la possibilità di iniziare un vero e proprio business online nel campo degli infoprodotti? Certamente! Autostima.net offre questa possibilità... e molto di più! È una società leader in Italia nella creazione di infoprodotti sulla crescita personale, professionale e finanziaria. Il programma di affiliazione di Autostima.net è stato **studiato appositamente per il mercato italiano** e ti permetterà di **guadagnare a lungo termine** in maniera completamente automatizzata. Vediamo come.

In genere, la maggior parte dei sistemi di affiliazione funziona, ma fino ad un certo punto, e lo schema seguente ti mostra chiaramente il motivo fondamentale.

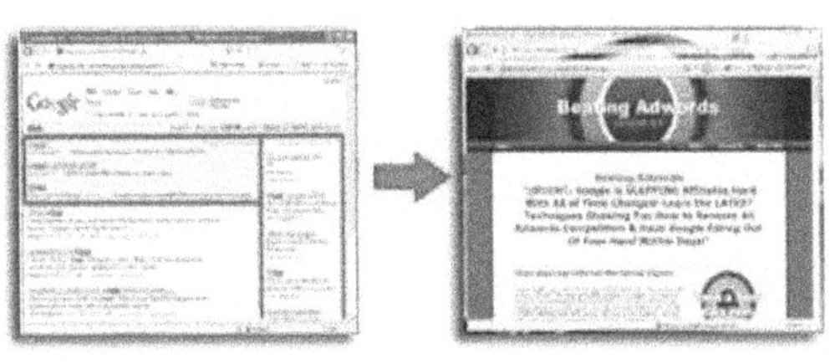

Solo 1 cliente su 100 compra..
E gli altri 99???

LI HAI PERSI!

Fai Pubblicità su Adwords — **Mandi Visite sul Minisito**

Per pianificare un reale business proficuo e costante, c'è bisogno di un sistema che ti permetta di non perdere gli altri 99 utenti che visualizzano i prodotti! Il programma di affiliazione di Autostima.net è ormai leader proprio perché integra nel programma un sistema che permette di **guadagnare denaro anche sugli altri 99 clienti!** Infatti nelle pagine di vendita, prima ancora del prodotto, vengono offerti degli ebook in omaggio a chi si iscrive fornendo il proprio indirizzo email.

Quindi, attraverso la newsletter, tutti coloro che non comprano, vengono periodicamente contattati e informati riguardo nuovi prodotti e offerte speciali, contando sempre su un catalogo di oltre cinquanta prodotti altamente professionali, oltre che su nuovi prodotti disponibili periodicamente. Attraverso il programma di affiliazione TU *avrai un codice affiliato non solo per ogni singolo prodotto, ma anche per far iscrivere alla newsletter di* Autostima.net *coloro che hanno deciso di non comprare.*

Il risultato di questo sistema studiato da Autostima.net è semplicemente fantastico: tutti coloro che si iscriveranno **gratis** alla newsletter di Autostima.net tramite il tuo link affiliato e acquisteranno in futuro i prodotti, ti garantiranno sempre il tuo guadagno del 30%, sia che essi acquistino tra un mese, un anno oppure tra 10 anni!

Metodo "Affiliazione Autostima.net"

Fai Pubblicità su Adwords o dal tuo Sito Web o Blog

I clienti si iscrivono GRATIS alla newsletter di Autostima.net

Ricevono email di offerte e comprano tra oltre 50 prodotti

TU guadagni il 30% su TUTTI i clienti su TUTTI i prodotti per SEMPRE!

Così 1 compra subito, gli altri si iscrivono in newsletter e comprano domani, tra 1 settimana, tra 1 mese, tra 1 anno o tra 10 anni. E TU guadagni SEMPRE!

Questo si chiama **sistema di guadagno a lungo termine** e Autostima.net è l'unica società leader in Italia che ti garantisce ciò attraverso i suoi metodi. E lo fa attraverso **un catalogo di oltre 50 prodotti di crescita personale, professionale e finanziaria; in questo modo chiunque trova prodotti di suo interesse!** Oggi, domani o tra 10 anni!

E visto che si tratta di prodotti di alta qualità, **le persone comprano almeno altri due o tre prodotti,** senza contare quei **super affezionati che comprano tutti i prodotti** che vengono lanciati sul mercato, perché hanno la certezza della professionalità degli stessi! Questo vuol dire che **non dovrai più spendere gli oltre 200 € l'anno (ricorrenti) per avere una newsletter o un costoso autoresponder e costruirti con fatica una mailing list!** Infatti tutte le persone che si iscrivono dal tuo link di affiliazione vengono registrate, così riceveranno le offerte e compreranno con il tuo codice.

Tu guadagnerai tutte le commissioni che ti spettano come se avessi una **newsletter TUA a tutti gli effetti, con il vantaggio di non dover spendere soldi, di non dover creare contenuti nuovi ogni giorno, di non dover creare un servizio di assistenza clienti**. Nulla di nulla, pensano a tutto loro! **L'unico programma di affiliazione con oltre 3.000 affiliati in Italia!**

Perché è il migliore?

- È l'unico pensato **esclusivamente per il mercato italiano.**
- **Commissioni del 30%:** l'unico modo per garantirti **guadagni concreti.**
- Autostima.net è **leader in Italia per gli infoprodotti** (libri, ebook, DVD sulla formazione).
- **L'affiliazione è gratuita e senza impegno.** La provi e se non

ti piace ti cancelli quando vuoi.

- **Non sei obbligato a comprare nessun prodotto** per imparare ad usarla.
- **Massima trasparenza:** pannello di controllo **in tempo reale.**
- **Ben 10 strumenti per promuovere** i prodotti a tua disposizione.

Quali garanzie ti vengono offerte da Autostima.net?

Iscrizione gratuita a vita. L'iscrizione a questo programma di affiliazione è assolutamente gratuita per tutta la vita e se dopo l'iscrizione ti accorgi che non vuoi dedicargli più tempo, non fa per te o semplicemente ti vuoi cancellare, scrivi una semplice mail e sarai cancellato!

Commissione garantita del 30% sulle vendite. Una delle commissioni più alte in Italia! Ogni volta che una persona che viene dal tuo sito fa un acquisto, tu riceverai il 30% del totale.

Pagamento puntuale il 25 del mese successivo al trimestre. Ogni volta saranno puntualissimi. Se nel trimestre gennaio/febbraio/marzo ricavi 500 € di commissioni, il 25 di aprile verrà effettuato un bonifico bancario direttamente sul tuo conto corrente! Il pagamento avverrà dietro presentazione di regolare fattura al raggiungimento della soglia minima di 300 €!

Cliente garantito per 10 ANNI (sono gli unici!). Quando una persona proviene dal tuo sito, gli viene impostato un file di riconoscimento della durata di 10 ANNI. Quindi, ogni volta che fa un ordine, anche in date differenti o per prodotti differenti, tu guadagnerai sempre tutte le commissioni!

Massima trasparenza dal tuo pannello di controllo. Avrai a disposizione un pannello di controllo **aggiornato in tempo reale** dove potrai monitorare i click, gli ordini effettuati, le commissioni e i pagamenti. Potrai inoltre scaricare banner e pubblicità già pronte per iniziare subito.

Diversi affiliati con un po' di impegno sono riusciti a creare delle vere e proprie rendite mensili costanti.

Guarda le statistiche in tempo reale dei TOP 5 Affiliati:

Nome	Sito/Strategia	Ordini	Click	Conversione	Guadagno fino al 18 Gennaio2008:	Guadagno Dicembre:
S. A.	http://adwords.google.it	214	23575	0.91 %	€ 6.261,90	€ 10.522,10
G. L.	http://www.ilgiardinodeilibri.it	33	2003	1.65 %	€ 636,60	€ 729,60
T. N.	http://www.freeperclick.net	26	1287	2.02 %	€ 834,75	€ 2.324,10
A. A.	http://adwords.google.it	12	3608	0.33 %	€ 282,00	€ 736,80
I. E.	http://adwords.google.it	11	523	2.10 %	€ 267,30	€ 106,80

SEGRETO n. 6: Affiliandoti ad Autostima.net puoi avviare subito un business efficace e proficuo, sfruttando un settore letteralmente esploso anche in Italia: quello degli gli infoprodotti.

Uno dei *top 5 affiliati* puoi benissimo essere tu! Autostima.net ti mette a disposizione ogni strumento per poter creare una vera e propria attività online, guadagnando in modo costante e continuo. Se ti impegni e segui tutte le strategic che ti mostrerò in questo ebook, i risultati saranno molto soddisfacenti. Non resta altro che registrarti gratuitamente a questo favoloso programma di affiliazione cliccando il seguente link: Autostima.net.

I programmi di affiliazione sono strumenti straordinari che ti permettono di iniziare SUBITO a creare il tuo business e a guadagnare anche se non hai prodotti tuoi da vendere. In questo caso ti ho suggerito in particolare tre programmi di affiliazione D.O.C. e ti ho mostrato come utilizzarli. Ma come puoi collegare il tuo "portale web" creato appositamente per Zanox ai prodotti che vendi attraverso Autostima.net e Clickbank?

Ricordi quali categorie metti a disposizione tramite il tuo sito web? Fra le tante ci sono anche le seguenti:

- Lavoro da casa;
- Notizie e informazioni;
- Servizi internet.

Bene, puoi tranquillamente inserire in queste categorie i link affiliati di tutti i prodotti che hai scelto di vendere attraverso l'affiliazione con Autostima.net e Clickbank; oppure, se hai deciso di creare un sito web dedicato esclusivamente ai prodotti appena citati, puoi inserire un link di collegamento o banner pubblicitario che indirizzi il visitatore al sito web o pagina web contenente tutti i prodotti di Autostima.net e Clickbank. In questo modo stai collegando opportunamente le tue affiliazioni in quello che viene definito “business multiplo”, permettendo loro di interagire proficuamente, e ti stai auto-pubblicizzando gratuitamente.

Ma per quanto riguarda il “business multiplo”, come creartelo e sfruttarlo al massimo, ne parliamo dopo; ora è ancora presto. Io ti ho fornito in dettaglio tre programmi di affiliazione che ti permettono di iniziare il tuo business automatizzato nei prossimi dieci minuti, ma ti ho anche fornito le informazioni necessarie per trovare e valutare altri programmi di affiliazioni presenti in rete.

RIEPILOGO DEL GIORNO 2:

- SEGRETO n. 1: Le affiliazioni sono un potente strumento che ti permetterà di avviare subito il tuo business online in modo semplice ed efficace.
- SEGRETO n. 2: Evita di affiliarti con società che ti pagano in base ai click, impressions oppure leads.
- SEGRETO n. 3: Con gli strumenti che ti ho fornito potrai riconoscere i programmi di affiliazione seri e professionali con i quali impostare il tuo marketing online.
- SEGRETO n. 4: Crea e pubblica online un sito web dedicato esclusivamente alle affiliazioni presenti in Zanox, una sorta di "portale delle offerte", con diverse categorie di navigazione.
- SEGRETO n. 5: Diverse persone attraverso Clickbank sono riuscite a creare un vero e proprio business automatizzato e flussi di guadagno costanti.
- SEGRETO n. 6: Affiliandoti ad Autostima.net puoi avviare subito un business efficace e proficuo, sfruttando un settore letteralmente esploso anche in Italia: quello degli infoprodotti.

GIORNO 3:
Come impostare e utilizzare strategicamente tutti gli strumenti del Web 2.0

I principali strumenti necessari per creare, sviluppare e pubblicizzare al 200% il tuo business, sia esso composto da affiliazioni o da tuoi prodotti, sono sostanzialmente questi:

- Siti web;
- Minisiti;
- Lettere di vendita;
- Blog;
- Mailing list.

Grazie al Web 2.0 oggi tu hai a disposizione tutto questo, perché **tu stesso puoi creare il tuo blog, i tuoi minisiti, il tuo sito web** e iniziare subito la tua attività come online marketer. Adesso ti spiegherò come crearli, sfruttarli e quali strategie utilizzare per ottimizzare al meglio il loro rendimento.

SEGRETO n.1: Crea il tuo sito web e sfruttalo come generatore di pubblicità e traffico web.

Molti internet marketer hanno opinioni diverse riguardo al sito web e all'impatto che può avere su un potenziale acquirente. La **maggior parte degli internet marketer italiani e americani utilizza esclusivamente dei minisiti di una sola pagina** e imposta tutto il business sulla vendita attraverso i minisiti stessi. Il concetto di un sito web creato come "portale di informazioni" non è sempre condiviso da chi cerca di isolare una "nicchia" di mercato e preparare gli strumenti di vendita quali minisiti e sales letter (lettere di vendita) solo ed esclusivamente per la propria "nicchia" e non per altro.

Un sito web infatti può contenere diverse pagine e categorie, molti banner e link esterni, insomma parecchio materiale che indirizza l'interesse del visitatore verso diversi obiettivi finali. Quindi, visitando un sito web tu puoi rivolgere la tua attenzione a più di un prodotto o servizio.

È possibile sfruttare un sito web in modo efficace nel marketing online basato sulla "nicchia" di mercato, quindi su una sola tipologia e settore merceologico? Certo che è possibile, un sito web basato sul "multiservizio" è un elemento che compone lo "schema perfetto" del tuo *business multiplo*, che ti illustrerò nella parte finale di questo ebook.

L'obiettivo di questo elemento è quello di *iniziare subito a generare dei guadagni, mentre tu ti puoi dedicare ad altri aspetti del tuo marketing online*, come per esempio la creazione di un tuo prodotto, e nello stesso tempo generare un costante flusso di traffico web indirizzato ai tuoi minisiti, che poi faranno il resto del lavoro per arrivare al raggiungimento dell'obiettivo finale: **la vendita.**

Un sito web può essere una macchina pubblicitaria incredibilmente proficua, ecco perché lo considero essenziale per impostare un piano di marketing efficace, anche riservato solo ad una certa "nicchia". La gente infatti è in costante ricerca di informazioni, servizi e tutto ciò che possa indirizzarla verso la scelta, il prodotto e l'offerta migliori.

Se crei un sito web che possa offrire queste informazioni, raggiungi un duplice risultato:

1. Molto traffico in termini di visite e buon indice di gradimento da parte degli utenti.
2. Molte possibilità di guadagno in modo completamente automatizzato.

Come puoi guadagnare in modo automatizzato attraverso un sito web?

Nel capitolo riguardante i programmi di affiliazione hai compreso come poter sfruttare l'affiliazione a uno dei più grandi network pubblicitari del momento: Zanox. Creare un portale web che disponga di diverse categorie, ti dà la possibilità di candidarti all'affiliazione di TUTTE le società che hanno scelto di pubblicizzare i loro prodotti e servizi attraverso Zanox.

Come risultato avrai un **gran numero di banner** da smistare nelle categorie attinenti all'interno del tuo sito, potrai inoltre contare sul fatto che *ogni singolo visitatore che consulterà il tuo portale web non dovrà abbandonare il tuo sito per cercare altrove ciò a cui è interessato*, perché ci saranno altissime probabilità di trovare "qui" il prodotto, il servizio o l'offerta che attireranno la sua attenzione.

Questo per te significa percepire delle commissioni e guadagnare. Moltiplica tutto ciò per il numero di visitatori mensili che otterrai, grazie a una scelta strategica del nome del tuo sito e l'alta indicizzazione nei motori di ricerca che ne consegue.

Il risultato ottenuto è un *flusso continuo e rigenerativo di guadagni costanti in modo completamente automatizzato*. Tu devi solo preoccuparti di impostare il lavoro iniziale secondo le strategie che comprenderai attraverso questo ebook e aggiornare il sito stesso con nuovi banner e link ogni qual volta sia necessario. In questo modo, **mentre il tuo portale web inizia a lavorare per te in modo proficuo, contemporaneamente si innesca un automatismo pubblicitarlo "mirato" verso il tuo reale business rivolto ad uno specifico settore**.

Questo lo puoi ottenere inserendo all'interno del tuo portale web delle *pagine dedicate esclusivamente a categorie* che hanno attinenza con ciò che tu personalmente vuoi portare all'attenzione della gente, cioè i tuoi prodotti e i tuoi servizi, ossia ciò che ti porta un profitto del 100% anziché del 10, 20 oppure 30%. In altre parole puoi indirizzarti al "cuore" del tuo marketing. Quindi va bene il concetto «*trova la TUA nicchia di mercato e diventa un esperto di QUELLA nicchia*», ma non escludere la possibilità di crearti strategicamente un sito web con le caratteristiche di cui ti ho parlato.

Creare da zero un sito web del tipo "portale multiservizio" può sembrare un lavoro arduo da svolgere, ma se usi gli strumenti giusti può diventare la cosa più semplice di questo mondo. Diversi strumenti veramente validi sono disponibili per ogni tipo di aspirante webmaster: puoi creare un sito web attraverso software classici come Microsoft Frontpage (spesso preinstallato sulla maggior parte dei computer in commercio), oppure optare per una versione open source di software simili come per esempio **Mozilla NVU** oppure **Kompozer**.

Se fai una brevissima ricerca con Google, inserendo come parola chiave "Mozilla NVU" oppure "Kompozer" potrai subito trovare le varie fonti di download gratuito di questi due software editor

HTML, anche in italiano e in versione Portable se le ritieni più adeguate alle tue esigenze.

Un'altra valida soluzione è quella di investire qualche decina di euro per l'acquisto di un software davvero valido per quanto riguarda la creazione dei siti web HTML: **WebSite X5 Evolution,** prodotto dalla Incomedia. È un software completamente visuale, strutturato come un'intuitiva condotta guidata che ti permette in soli cinque passi di creare, personalizzare e pubblicare un sito web professionale, anche se non hai nessuna conoscenza di linguaggio HTML; questo grazie al sistema facile, veloce ed estremamente intuitivo "Drag&drop". Questo software **non richiede conoscenze di programmazione**, ma, attraverso una procedura guidata, ti consente di creare in pochi passi il tuo sito.

Hai a disposizione una galleria di oltre 1000 modelli grafici già pronti per l'uso, una guida in linea, disponibile anche in formato PDF, e video tutorial; puoi creare illimitati siti con un illimitato numero di pagine e categorie, puoi contare su un editor grafico per il fotoritocco delle immagini con applicazioni di filtri, cornici e maschere.

Il software *include la pubblicazione guidata del tuo sito sul tuo server* tramite motore FTP interno e gestisce in modo automatico le parole chiave indicizzandoti automaticamente sui motori di ricerca. È un software straordinario e io ti assicuro che in venti minuti ti permette di creare il tuo portale di 15-20 pagine e di pubblicarlo. Personalmente uso con grande soddisfazione questo software e lo considero uno dei migliori sul mercato. Puoi notarne le caratteristiche e la semplicità d'uso visitando il sito www.incomedia.it.

La soluzione migliore che voglio però consigliarti vivamente, è quella di sfruttare invece le ultime tecnologie 2.0 per quanto riguarda la creazione e gestione dei siti web: utilizzare i CMS (Content Managment System).

Non farti spaventare dalla parola, nulla di complicato, ma tanta innovazione invece, che ti può portare solo molti vantaggi. Installare un CMS sul tuo spazio web, ti da la possibilità di creare e gestire il tuo sito web direttamente online, senza essere legato a una postazione fissa o a una cartella presente nell'hard disk del tuo Pc. Questo significa poter aggiornare, modificare e gestire il tuo sito web da qualunque postazione, sono sufficienti un browser e una connessione a internet.

Attraverso il tuo pannello di controllo potrai gestire tutto comodamente. Il maggiori CMS utilizzati oggi sono Wordpress, Joomla, Drupal. Tutti gratuiti, e molto validi. Tuttavia sembra che oramai la piattaforma Wordpress abbia preso il sopravvento rispetto ai rivali e sia diventata la scelta primaria per il 90% dei web marketer.

Wordpress ti permette di creare il tuo sito web, gestirne una parte come Blog e News, cosa molto importante per favorire l'indicizzazione dato che hai la possibilità di aggiornare questa sezione con notizie fresche e nuove periodicamente. Oltre a ciò ti rende disponibile una vasta gamma di Plug-in molto validi, e una community di supporto molto vasta.

Dopo anni di esperienza ti posso tranquillamente dire che Wordpress rappresenta il "Top" per un internet marketer che ha bisogno di gestire uno o più siti web. Se poi saprai scegliere un valido servizio di hosting, adatto al tuo lavoro (ne parleremo più avanti), non dovrai nemmeno preoccuparti della fase di installazione di wordpress sul tuo spazio web, cosa che potrebbe sembrare "contorta" per un neofita.

Potrai installare il tuo sito web Wordpress in italiano e già pronto all'utilizzo in soli 45 secondi e senza caricare nemmeno un solo file tramite FTP. Giusto il tempo di scegliere la tua username e password di accesso amministrativo e il tuo sito sarà già online!

Ma prima di iniziare il lavoro continua a leggere con attenzione questo ebook, perché capirai dettagliatamente come far funzionare il tuo portale all'interno dello "schema vincente" del tuo business multiplo e come farlo interagire con tutti gli altri elementi che compongono il tuo business (come i minisiti o il tuo blog) mediante strategie ben definite. Se imposti il tuo marketing sfruttando i **minisiti** come strumento diretto per le vendite, puoi ottenere grossi risultati.

SEGRETO n.2: Capire come funziona un minisito di vendita ti permette di valutarne le potenzialità e potrai sfruttarlo al meglio nel tuo business.

Un minisito è un **sito di una sola pagina**, dedicato a un argomento specifico (nel nostro caso a un singolo prodotto). In Italia i minisiti sono ancora utilizzati, anche se sembra che a differenza da alcuni anni fa, Google non veda più oggi di buon occhio i minisiti, in termini di indicizzazione, posizionamento e qualità di contenuti, rispetto a quello che potrebbe essere un sito web multi pagina basato su piattaforma Wordpress.

I minisiti, possono essere comunque utilizzati ed integrati nel tuo sito web, per focalizzare l'attenzione del visitatore su una particolare offerta o su un evento speciale che stai proponendo. In questo contesto, dove il minisito ha il compito di focalizzare l'attenzione verso qualcosa e non ha il gravoso compito di sostenere tutto il contenuto diretto alla vendita del prodotto, è ancora un ottimo strumento di marketing.

Basti pensare che negli USA i minisiti sono diventati una vera miniera d'oro per molti dei più famosi marketer, che hanno così creato un proficuo business online automatizzato, che rende loro migliaia di dollari ogni mese.

In America ci sono migliaia di minisiti e centinaia di "Guru" che sono diventati tali grazie ai minisiti. Chiunque lavori nell'info-marketing o nel dropshipping, che sia affiliato o realizzi suoi prodotti, utilizza i **minisiti** come **strategia vincente** per catturare il visitatore e vendere ripetutamente e initerrottamente. Diversi veterani americani come **Yanik Silver, Joe Vitale, Larry Dotson, David Garfinkel, Jim Edwards, Marlon Sanders** hanno usato e usano i minisiti per guadagnare migliaia di dollari ogni mese, ma senza l'utilizzo di minisiti e lettere di vendita sarebbero rimasti sempre in secondo piano e non avrebbero avuto sicuramente successo.

Il mercato negli USA si è fatto molto agguerrito fino a raggiungere un livello che si avvicina alla saturazione: puoi trovare infoprodotti su ogni cosa, dal classico *Fai soldi Online in 33 giorni*, fino ad arrivare ad argomenti che possono sembrare addirittura ridicoli. Centinaia, anzi migliaia, di minisiti che descrivono altrettante centinaia e migliaia di prodotti, ma il fatto interessante è che tutti, e dico tutti, generano dei guadagni indipendentemente dal soggetto trattato!

Se il mercato negli USA è ormai saturo, in Italia si è ancora alle prime armi! Ed essere i primi in questo settore significa avere la possibilità di crearsi un business vincente. Per questo **bisogna sfruttare subito questa strategia**. Quindi, sia che tu venda i tuoi prodotti in modo diretto, sia che tu venda tutti i prodotti delle società con le quali ti sei affiliato, se tu lo fai attraverso un minisito hai ottime probabilità di vendita.

Utilizzare in maniera adeguata i minisiti, strumenti efficaci per sviluppare un business online sfruttandone le enormi potenzialità, significa avere già a disposizione il 75% del potenziale sviluppo del proprio marketing.

Il minisito e la lettera di vendita funzionano, proprio perché sono semplici e versatili ma **diretti**, poiché **focalizzano** l'attenzione del visitatore solo ed **esclusivamente sul prodotto venduto**, su una particolare offerta o su un evento speciale legato alla promozione e vendita del prodotto, senza lasciar trapelare altre possibilità di navigazione.

1. Chi visiterà il tuo minisito si troverà davanti a **due**

possibilità: Leggere attentamente la descrizione del prodotto e decidere l'**acquisto**.

2. Leggere attentamente la descrizione del prodotto e decidere di **non acquistarlo** e quindi abbandonare la pagina.

Altre possibilità o scelte non ci saranno! È infatti questo lo *scopo* per cui un minisito viene utilizzato: descrivere dettagliatamente il prodotto e dare la possibilità al visitatore di *acquistarlo subito*. Niente link esterni, niente banner, nessun annuncio pubblicitario relativo ad altro. È tutto lì, chiaro e dettagliato, devi soltanto decidere di acquistare il prodotto oppure no!

Il codice HTML, semplice ma curato, permetterà un caricamento veloce della pagina; indipendentemente dalla connessione utilizzata (anche quelle più lente), il minisito verrà indicizzato dai motori di ricerca e sarà veloce da navigare, intuitivo e focalizzato su un solo scopo: vendere in continuazione, anche quando tu dormi o non sei davanti al computer, ma ti dedichi ad altre faccende.

Personalmente ho imparato a **considerare i siti web e minisiti**

come miei **agenti commerciali**. Un po' come una squadra commerciale ben organizzata, composta dai capi zona (Siti web) e i promotori ausiliari (minisiti), ma con una sostanziale differenza: questi miei agenti commerciali lavorano per me 24 ore su 24, in tutto il mondo e GRATUITAMENTE! Attraverso un minisito puoi mostrare a tutto il mondo ciò che hai a disposizione, ciò che vuoi vendere. Il tuo minisito, per essere "vincente", deve assolutamente soddisfare **tre requisiti** chiaramente esposti negli ebook di Giacomo Bruno, che va considerato come un vero esperto del settore "Web Marketing 2.0".

SEGRETO n.3: Un minisito vincente deve Motivare, Informare e Rassicurare ogni visitatore potenzialmente interessato al tuo prodotto.

Se questi tre requisiti non saranno soddisfatti, il tuo minisito non avrà successo! Non venderai! Nel capitolo dedicato alle lettere di vendita ti spiegherò meglio cosa significa *motivare*, *informare*, *rassicurare* e ti mostrerò alcune strategie per farlo. Ma intanto concentrati sul fatto che, creando un buon minisito, potrai lanciare nel mercato online con successo ogni prodotto o servizio che vendi.

Un buon minisito conterrà cinque elementi essenziali:

1. Un tuo banner o grafica personale;
2. Un titolo accattivante;
3. Una chiara e dettagliata descrizione di ciò che stai vendendo.
4. Un'immagine del prodotto;
5. Un pulsante per l'acquisto e il pagamento immediato del tuo prodotto.

Attraverso un minisito potrai:

- far conoscere nei dettagli il tuo prodotto;
- vendere subito i tuoi prodotti tramite internet;
- vendere subito i tuoi prodotti tramite email;
- espandere notevolmente il tuo business.

Moltiplica questo per 5, 10, 15 o per 50 *tuoi* minisiti... Il risultato? Un potenziale di vendita incredibilmente alto! Un gruppo di tuoi agenti commerciali in giro per il mondo che lavora per te 24 ore su 24.

Quali strategie puoi usare attraverso siti web e minisiti?

Un minisito può essere sfruttato per creare una OTO (*One Time Offer*, tradotto in italiano: "offerta a tempo limitato"). Questa tipologia di pagine ha un potere straordinario. Creare un minisito contenente un prodotto (manuale, ebook, software) in offerta limitata, significa che le scelte che il visitatore avrà saranno ancora più ristrette: **acquistare subito** il prodotto a prezzo speciale, oppure **non acquistarlo,** con la consapevolezza che probabilmente non avrà mai più l'occasione di poterlo ottenere a quel prezzo.

Si lascerà scappare quell'occasione? Molto probabilmente NO, soprattutto se il prodotto in questione desta il suo interesse. Io personalmente, nei miei tre anni e mezzo di studio e ricerca, ho acquistato tutti i miei strumenti di studio proprio attraverso le OTO, risparmiando parecchio denaro. Facciamo un esempio: «Lo sai che questo ebook è venduto a un prezzo molto più alto? Guarda invece l'offerta che ho riservato per te! Ti presento [*nome del prodotto*] che è venduto a 49,90 €. Clicca questo link e controlla di persona [*Link al minisito che vende il prodotto a prezzo pieno*]. Capisci le proporzioni dell'offerta? Ti do la possibilità di avere [*nome del prodotto*] a soli 19,90 €. Posso garantire che non ti ricapiterà e se non vuoi perdere questa opportunità, devi approfittarne SUBITO: mancano ancora poche ore alla scadenza di quest'offerta».

Un minisito può essere sfruttato per creare una lettera di vendita. Il testo del minisito può infatti essere usato per creare email pubblicitarie da inviare a tutti gli iscritti alla nostra mailing list. Non puoi neanche immaginare come queste lettere di vendita raggiungano velocemente lo scopo per cui sono state create: generare una vendita! Dopo parleremo in particolare della strategia della mailing list e sicuramente capirai meglio l'importanza delle lettere di vendita.

Un minisito può essere usato come "squeeze page" (ovvero la pagina dove "spremere" nome e indirizzo email del visitatore). Per esempio potresti offrire il download di un manuale, oppure di un ebook, in cambio dell'iscrizione alla tua mailing list. Che importanza ha usare un minisito semplicemente per ottenere il nome e l'indirizzo email di un visitatore? Ogni indirizzo email aggiunto alla tua mailing list è da considerare di valore superiore a una vendita singola! Lo capirai meglio leggendo in seguito la strategia della mailing list.

Un minisito può essere un sito "membership", che genera introiti mensili. Per esempio, potresti creare un minisito che offre un servizio di informazioni aggiornate in tempo reale in cambio di un canone mensile, oppure di una singola iscrizione per accedere. Già questo basterebbe; ma c'è molto di più. Qualsiasi cosa tu possa inventare può essere usato per creare un minisito come "area membri" riservata. Più avanti, nella sezione dedicata a PayPal, ti insegnerò a includere nei tuoi minisiti tutti gli elementi necessari per impostare i download automatici, dopo aver ricevuto il pagamento, per impostare un'iscrizione mensile e altri particolari.

Ora che hai compreso l'importanza dei siti web ben strutturati e dei minisiti, non resta altro che iniziare a crearli e così impostare il tuo business vincente. Puoi *creare semplicemente i tuoi minisiti gratuitamente attraverso Microsoft FrontPage*, software incluso nel pacchetto Office, che nella maggior parte dei casi è preinstallato nel sistema operativo del tuo computer. Oppure puoi usare una validissima alternativa gratuita open source; sto parlando di **OpenOffice** ovvero l'alternativa GRATUITA a Microsoft Office.

Molti non sanno che **esiste un programma gratuito che ha addirittura MOLTE FUNZIONI IN PIÙ rispetto a Microsoft Office**. Ovviamente legge e scrive senza problemi qualsiasi file di Microsoft Office. **OpenOffice** è tutto in ITALIANO e ti permetterà tranquillamente di creare i tuoi minisiti e quant'altro ti occorre per il tuo business online. Per scaricarlo, avere informazioni, guida d'installazione e manuali, visita il sito www.openoffice.org.

Quindi, sia che tu voglia utilizzare *Microsoft FrontPage*, oppure software open source altrettanto validi come *NVU* oppure Kompozer, io ti posso garantire che potrai tranquillamente creare pagine web HTML, con tutte le caratteristiche necessarie per avere successo.

Se poi vuoi fare il "Salto di qualità" sia in termini di produttività, sia di risultati ottenuti, il mio consiglio è quello di utilizzare le nuove tecnologie 2.0 per quanto riguarda la creazione di siti web, sfruttando piattaforme molto valide come Wordpress. Ricorda che alcuni servizi di hosting professionali (di cui parleremo fra poco), offrono nel loro pacchetto hosting delle suite di installazione completamente automatiche e a prova di neofita.

Questo ti permetterà di creare tutti i siti web che vorrai in pochi secondi e in maniera completamente automatica, senza compilare una sola riga di HTML o formattare nessuna pagina, come invece dovresti fare creando pagine web attraverso i software editor HTML.

Naturalmente sia il tuo sito web che i tuoi minisiti hanno bisogno di un nome, quindi dovrai registrare uno o più *nomi a dominio* del tipo www.nometuosito.com/it/net, aspetto che può sembrare alquanto semplice e veloce, ma che non lo è affatto.

SEGRETO n.4: Attraverso la scelta del nome a dominio per il tuo sito web e/o minisiti PREGIUDICHERAI notevolmente il successo del tuo business e quindi il tuo guadagno!

Il mio primo consiglio è quello di scegliere l'estensione *.com* anziché *.it* e *.net*. In questo modo potrai beneficiare di un'estensione internazionale e avere un lancio di ricerca maggiore sui motori di ricerca come Google. Pensa che ci sono persone che di professione scelgono nomi "vincenti" per coloro che lavorano online e vengono pagate profumatamente per farlo.

Nella **scelta del nome del tuo sito devi tenere conto di alcune strategie** che adesso ti descriverò con piacere. Devi sapere infatti che il nome a dominio è il primo elemento che consentirà l'indicizzazione del tuo sito sui principali motori di ricerca e il tipo di nome che attribuirai al sito farà sì che questa indicizzazione sia "vincente" e non "scadente", portando un flusso costante di traffico web verso il tuo sito.

Nel marketing, un aspetto fondamentale sta proprio nel **nome** che dai ai tuoi prodotti, ai tuoi siti web o minisiti, **attraverso il quale crei un'immagine attinente con ciò che vendi e attinente alla tua figura professionale** di internet marketer, un'immagine che si possa facilmente utilizzare in campagne promozionali e pubblicitarie. Dunque il nome del tuo sito web deve rispecchiare queste caratteristiche. Ma come?

Innanzitutto deve essere un nome o indirizzo **facilmente memorizzabile**. Evita inoltre di commettere un *grosso errore* nella scelta del nome a dominio. Quale? Quello di *dare al dominio il tuo stesso nome*, ad esempio *www.mariorossi.com*. Molti di quelli che avviano un proprio sito web, oppure dei minisiti, commettono questo **grave errore** che penalizzerà pesantemente il proprio business. **I navigatori web cercano per argomento e non per nome del sito**.

Se ad esempio tu vuoi effettuare una ricerca su «come guadagnare attraverso le affiliazioni», lo farai basandoti sugli argomenti «guadagnare» e «affiliazioni»; sono queste le due parole che digiterai nel campo di ricerca di Google. Mai e poi mai ti salterebbe in mente di cercare «Mario Rossi», anche perché non potresti mai immaginare che il sito *www.mariorossi.com* tratti l'argomento che stai cercando.

Chiaro il concetto? Quindi, se il tuo minisito contiene prodotti (tuoi o di affilianti) riguardanti il marketing, un esempio potrebbe essere *www.marketingvincente.com,* oppure *www.marketing-vincente.com.* In questo modo tutti coloro che cercheranno un qualsiasi argomento riguardante il marketing troveranno facilmente il tuo sito. **Se poi separi le parole chiave con un trattino** *www.marketing-vincente.com*, **i motori di ricerca ti troveranno più facilmente**. Questi sono consigli preziosi che difficilmente trovi altrove, ricordatelo!

Quindi, se decidi di creare e vendere un prodotto tuo (dopo ti spiegherò le strategie per farlo) potresti realizzare un sito web, chiamandolo con una stringa di parole "dirette" rispetto al tuo prodotto. Esempio: crei un ebook di *Ricette iperproteiche*, magari adatto a chi pratica sport e fitness. Un nome strategico che potesti dare al relativo minisito sarà: *www.ricette-iperproteiche.com,* in questo modo chiunque cerchi la parola «ricette» sarà facilmente indirizzato verso il tuo minisito, ma anche chi ricercherà la parola «proteiche» oppure «iperproteiche» sarà indirizzato a te dai motori di ricerca.

A proposito: scommetto che l'idea di scrivere un ebook contenente le ricette iperproteiche ti ha fatto sorridere! Ma da questo esempio quasi "buffo" puoi apprendere una fondamentale verità:

SEGRETO n.5: Ogni idea va valutata con attenzione e perspicacia, perché può nascondere grandi potenzialità in termini di risultato.

Nel caso delle ricette iperproteiche, per esempio, molti abbandonerebbero l'idea sul nascere, senza capire che un ebook ben impostato e ricco di informazioni del genere, farebbe letteralmente "gola" a migliaia di giovani appassionati di body building alla ricerca di una corretta alimentazione, finalizzata ad aggiungere un considerevole apporto proteico per i propri muscoli. Hai visto come un'idea apparentemente ridicola può in realtà portare a risultati efficaci?

Mentre, se il tuo prodotto o i tuoi prodotti abbracciano un argomento più generalizzato e ampio, come per esempio il creare un business online, potresti dare al tuo sito nomi simili a *www.lavorare-online.com* oppure www.creailtuobusiness.net.

In questo caso, **prima di decidere il nome definitivo**, ti sarà senz'altro utile **conoscere quali parole chiave, attinenti col tuo marketing, sono maggiormente "ricercate" dai navigatori web**. Usa un semplice ma potente strumento gratuito che ti aiuterà a trovare le keyword maggiormente ricercate. Google ti fornisce: https://adwords.google.com/select/KeywordToolExternal.

L'uso di questo strumento è facile e intuitivo, ti permetterà di registrare un nome a dominio adatto al tuo obiettivo, in altre parole di crearti un business vincente! Come ben saprai, per pubblicare online il tuo sito web e i tuoi minisiti hai bisogno di un servizio di hosting professionale che ti offra uno spazio web, la registrazione del nome a dominio e altri servizi utili.

Abbiamo parlato di Sito web, Blog, Minisito, nome a dominio. Tutto questo si basa su un aspetto di primaria importanza per chi come te, decide di iniziare un'attività online: **la scelta del servizio di Hosting adatto alle proprie esigenze.**

Un buon sito web deve essere supportato da un buon piano hosting. La parola *hosting* significa "ospitare", infatti un hosting è uno spazio all'interno di un computer, in cui metteremo il nostro sito web. Poiché questo computer è costantemente connesso alla rete internet globale, ciò che noi mettiamo nell'hosting sarà poi visibile sulla rete.

Ora, di servizi hosting in rete se ne trovano a centinaia, molti dei quali gratuiti. È però molto importante comprendere un aspetto fondamentale: chi realizza un business online, lavorando attraverso il web marketing, ha delle necessità del tutto differenti rispetto a chi crea un sito web personale ma non ha legate ad esso delle importanti attività di vendita.

Un web marketer, ha bisogno di parecchi strumenti "particolari" che non devono mancare nel servizio di hosting scelto, ora te ne elencherò solo alcune per farti comprendere meglio il punto:

Spazio Web e Banda mensile

Un web marketer, ha bisogno di sufficiente spazio, e soprattutto banda mensile a sua disposizione. In genere, mediamente uno spazio web di 3 Gbyte sono sufficienti per la pubblicazione e gestione di diversi siti web, e una banda mensile di 5 Gbyte è anch'essa sufficiente per supportare anche siti web con elevato traffico giornaliero.

La cosa importante è però avere la possibilità di upgradare spazio e banda mensile se ne avrai la necessità, senza essere costretto a cambiare hoster o aggiungere un nuovo account hosting per avere maggiori risorse. In questo modo, se il tuo business *"Decolla"* a tal punto da richiedere maggiori risorse, dovrai solamente richiedere al supporto tecnico l'upgrade o aumento di spazio e banda mensile, pagando una quota aggiuntiva.

Aggiunta gestione Domini e sottodomini

Prima o poi ti accorgerai della necessità di dover registrare diversi nomi a dominio e sottodomini. Questo perché come ti ho accennato prima, le idee di business collegate a differenti nicchie di mercato e sotto-nicchie posso essere tantissime, ed ognuna di esse può essere una piccola "Miniera d'oro" dal punto di vista dei profitti.

Per ogni nicchia e ogni progetto di business che vorrai avviare, dovrai creare un sito web dedicato e di conseguenza un nome a dominio tutto suo. In alcuni casi, dove la nicchia di mercato è la stessa ma i prodotti o argomenti sono differenti, potresti ritenere opportuno attivare dei sotto-domini come per esempio:

http://argomento1.tuositoweb.com
http://argomento2.tuositoweb.com

In questo caso "Argomento1" e "Argomento2" vanno a differenziare le sotto-nicchie e a creare ai rispettivi siti web un'identità propria.

Anche in questi casi, il servizio di hosting deve supportare l'aggiunta dei sotto-domini, e anche l'aggiunta di ulteriori domini web da gestire sempre all'interno del tuo spazio web, sempre con il tuo account e unico pannello di gestione hosting.

Database

I database sono essenziali per far funzionare diverse applicazioni web e anche siti web interi. Basti pensare che tutti i CMS più conosciuti ed utilizzati dai web marketer mondiali, Wordpress, Joomla, Drupal ecc. funzionano perché viene creato un database dedicato.

Ogni volta che una pagina del sito viene visualizzata, il database viene interrogato. Ma ci sono anche tantissimi altri software web based utilizzati da chi lavora online, che funzionano grazie ai database, come per esempio script di supporto clienti, script di gestione fatturazione, script che permettono la gestione automatica delle offerte a tempo limitato, la gestione delle Firesales e molto altro ancora.

Online si lavora tanto grazie ai database, ecco perché un servizio di hosting adatto alle esigenze di un web marketer, è quello che offre la possibilità di creare illimitati database (non solo 1-2-5 o 10) e senza nessun limite di query interrogabili ogni ora. Se il tuo Hosting non ti offre tutto questo, non è l'hosting ideale per il tuo business online.

Suite Installazioni Script e Portali

Abbiamo parlato poc'anzi di script e applicazioni che i web marketer installano e utilizzano sul proprio spazio web. Il problema spesso è che non tutti sono capaci di installare questo tipo di applicazioni, perché senza l'ausilio di strumenti specifici, l'installazione di molti script comporta una serie di azioni che necessariamente il web marketer deve saper compiere:

- Creare un Database;
- Modificare alcune stringhe di uno o più file Php;
- Caricare i file sul server tramite FTP;
- Cambiare i permessi CHMOD delle cartelle e/o file caricati sul server.

Tutto questo richiede competenze. Il neofita, di fronte a queste problematiche potrebbe essere costretto a rivolgersi a professionisti per l'installazione, investendo denaro. Questo vale anche ogni volta che il web marketing neofita vuole creare un nuovo sito web dedicato a un progetto di business. Se tale sito sarà basato sulla piattaforma wordpress, sarà necessaria un'installazione.

Gli hosting professionali includono, nel loro pacchetto, delle suite di installazione automatica che praticamente si prendono la "briga" di fare tutto quanto in pochi secondi. L'utilizzatore, dovrà solo compilare alcuni dati riferiti alla username e password scelta per l'accesso al pannello amministratore, il nome da assegnare al sito web o script che sia, il dominio o sotto-dominio in cui si vuole installare l'applicazione, e l'installatore automatico in pochi secondi "consegnerà" l'applicazione pronta per essere utilizzata, già installata e senza altre azioni necessarie da parte dell'utente.

Le suite d'installazione automatica più conosciute e utilizzate sono: Fantastico de Luxe, Quickinstall, Installatron e Softaculos.

Sono tutte valide, io ho avuto modo di provarle tutte, ma Softaculos sembra essere la più completa con caratteristiche che la rendono una "spanna" superiore alle concorrenti. Alcune di esse per esempio sono la possibilità di decidere l'installazione di un portale web o script in diverse lingue (fra cui l'italiano), oppure la stessa vasta disponibilità di applicazioni installabili, la funzione di importazione e la notifica automatica che Softaculos ti invia tramite email ogni volta che un'applicazione o script che hai installato dispone di un aggiornamento.

Insomma, se sei un neofita, oppure un esperto, queste suite di installazione ti faranno risparmiare molto tempo e denaro, e vedrai che ti renderai conto della loro utilità man mano che il tuo business cresce e si espande.

Massima compatibilità

La compatibilità è importante, in quanto ci sono diversi script e applicazioni indispensabili per un web marketer. Avere un hosting non compatibile significa dover rinunciare al loro utilizzo, e tradotto in termini "aziendali ed organizzativi" può significare investire in media il 35% in più di tempo, risorse e denaro.

Funzioni Backup

Da non sottovalutare assolutamente questa funzione: Backup. Inutile soffermarsi sul perché il backup dei tuoi siti web e del tuo server è essenziale nel web marketing. Ebbene, questa funzione deve essere presente in forma "piena" nel servizio di hosting da te scelto. Solo in questo modo puoi avere la possibilità di effettuare backup dei tuoi database e poterli ripristinare.

Solo così puoi avere la possibilità di fare un backup completo della tua cartella principale (quella contenente tutti i tuoi siti), scaricarla sul tuo Pc, e all'occorrenza ripristinarla con la funzione "restore" presente nel tuo Cpanel.

Se queste funzioni mancano, il tuo business è a rischio e non puoi permettertelo. Gli Hosting professionali offrono tutto questo e ti fanno dormire "sonni tranquilli" in questo senso.

Supporto Italiano
Può darsi che tu sia anche bravo a parlare e scrivere in inglese, resta il fatto che il servizio di hosting ideale per il tuo business deve avere un supporto clienti affidabile, efficace e disponibile.

Se poi hai poca dimestichezza con la lingua inglese, diventa quasi indispensabile affidarsi a servizi Italiani, che ti danno la possibilità di comunicare con un tecnico o operatore italiano. Già è difficile la comunicazione fra due persone che parlano la stessa lingua, quando l'argomento in questione è una problematica di carattere tecnico.

Se poi ti ritrovi a dover scrivere un ticket ad un tecnico che parla solo l'inglese, puoi ben capire che la cosa diventa complicata. Quindi il Supporto Clienti è da tenere in alta considerazione quando ti appresti a scegliere il servizio di hosting ideale per la tua attività online

Ci sono molti altri aspetti su cui ragionare in tema di scelta del servizio di hosting, ti ho citato solo quelli essenziali, resta il fatto che se la tua scelta ricade su servizi che non includono almeno queste caratteristiche, sarai costretto (parlo per esperienza) prima o poi a cambiare hoster, e spostare tutto quanto.

Quindi, io ti consiglio di considerare l'hosting come le "Fondamenta" del tuo business Online, e come tali devono essere solide, affidabili e durature.
Se vuoi realmente iniziare a lavorare e guadagnare da casa mediante internet, **lascia perdere i servizi di spazio web gratuito**. Primo perché un sito web o minisito creato per vendere un prodotto e poi ospitato da un servizio gratuito perde di credibilità e professionalità, secondo perché la maggior parte dei servizi di spazio web gratuiti manca di servizi accessori

indispensabili e non offre nessun supporto o assistenza in caso di problemi.

Inoltre **tutti i Provider che offrono un servizio di spazio web gratuito si «riservano il diritto in ogni momento e senza preavviso di cancellare l'account»** e conseguentemente di cancellare tutto il lavoro che tu hai svolto e pubblicato sul loro spazio. Immagini cosa potrebbe significare per te? **Mesi e mesi di lavoro buttati al vento**, per non parlare della poca professionalità che ti sarebbe attribuita da chiunque che, cercando di visitare il tuo sito, improvvisamente non lo trovasse più!

Allora bisogna trovare chi ti offre un servizio di ottima qualità a basso costo. Io ho svolto anche questo lavoro di ricerca, passando al setaccio le centinaia di proposte offerte in rete, proprio perché il mio scopo, e lo scopo di questa guida, è quello di "indirizzarti a colpo sicuro" verso *soluzioni certe ed economiche*, che facciano al caso tuo. Data la mia esperienza nel corso degli anni, e la reale necessità in Italia di un servizio di Hosting specifico per il web marketing, ho realizzato io stesso un servizio di hosting professionale con tutte le caratteristiche che ti ho elencato.

Per questo, voglio segnalarti le due migliori scelte per quanto riguarda il servizio di hosting ideale per il tuo Business Online. Se non hai problemi con la lingua inglese, puoi affidarti ad uno dei migliori fornitori internazionali di Hosting: **Hostgator**.

Il servizio offre spazio e banda illimitata (anche se in realtà non è mai vero, in quanto l'utilizzo dello spazio e della banda è sempre soggetta alle policy del fornitore, che nella maggioranza dei casi limita sempre e comunque l'utilizzo di tali risorse pur fornendoti per lo più a scopo di marketing e pubblicitario spazio e banda "illimitati"), tutte le caratteristiche elencate poc'anzi, e un buon livello di supporto anche se in inglese.

Per altre informazioni visita il sito web ufficiale:
http://www.hostgator.com

Se invece preferisci avere la possibilità di comunicare con un supporto clienti interamente italiano, e di avere maggiore flessibilità, non posso che consigliarti il mio servizio di Hosting: **Soluzione-Host.net.**

Studiato e ideato in maniera specifica per l'internet marketing, ti offre tutte le caratteristiche necessarie di cui abbiamo parlato, la migliore suite d'installazione automatica ossia Softaculos (oltre che Fantastico de Luxe, ugualmente inclusa), un servizio di supporto clienti italiano via Ticket 24 ore su 24, un pacchetto con spazio e banda upgradabile, sufficienti per tutte le presenti e future esigenze del tuo business, a un costo molto competitivo dato che parliamo di circa 89 € annuali (7,50 € mensili).

A differenza di Hostgator, il mio servizio non offre spazio e banda illimitati, ma include una serie di strumenti aggiuntivi molto utili, come Cpanel in lingua Italiana, la scansione antivirus integrata sul tuo server, e ovviamente la possibilità (se sei un professionista) di avere un risparmio fiscale, dato che viene emessa fattura ai nostri clienti che possono detrarre tale spesa dal proprio reddito d'impresa.

Per maggiori informazioni, visita il sito web ufficiale:
http://www.soluzione-host.net

Oppure chiedi informazione al centro Supporto Clienti: http://www.supporto-clienti.info

Per esperienza, posso confermarti che il detto: «Risparmio non è mai guadagno» è molto realistico. Molte volte non vale la pena risparmiare pochi euro al mese, a discapito di qualche caratteristica mancante.

Molte caratteristiche e funzionalità di un hosting possono sembrare superflue, ma diventano essenziali nel momento in cui ti servono.

Esempio: Ci sono giornalmente migliaia di attacchi hacker verso server, che introducono virus o malware nei siti web. In genere, il proprietario di un sito web se ne accorge troppo tardi, e solo perché Google o altri motori di ricerca segnalano il tuo sito ai visitatori come sito “malevolo”.

Se il tuo spazio web dispone invece di una funzione di scansione antivirus, puoi evitare tutto questo effettuando periodicamente una scansione completa. Ecco come una funzione che può sembrare un “qualcosa in più” non necessario, diventa importante in maniera assoluta in queste evenienze.

In genere hosting di questo “calibro”, o comunque con queste caratteristiche, ti forniscono tutto quello di cui ha bisogno il tuo business. Indipendentemente da quale sia la tua scelta, il mio consiglio è sempre quello di valutare molto attentamente le caratteristiche del servizio offerto e confrontarle con i concorrenti.

Se poi vuoi arricchire ulteriormente il tuo sito o minisito con form particolari, link dinamici, contatori, script e quant’altro possa essere utile e vantaggioso per promuovere il tuo business, su www.html.it trovi un vero e proprio portale gratuito che può insegnarti "dalla A alla Z" tutto ciò che riguarda il codice HTML, SCRIPT e JAVASCRIPT, PHP e molto altro. Trovi anche codici HTML e SCRIPT pronti da inserire nelle pagine web del tuo sito con un semplice "copia e incolla". Quindi, **se non ti è chiaro qualche aspetto utile per creare le tue pagine web, attraverso** www.html.it **puoi imparare davvero tutto e gratuitamente**.

Ora "tieniti forte", perché ti mostrerò come risolvere in partenza un grosso problema per molti nuovi marketer. **Sai agli occhi del visitatore qual è uno degli elementi che fa la differenza tra un minisito "amatoriale" e un minisito "professionale"?**

La risposta la puoi immaginare... **Una grafica curata**, con scritte che attirano la sua attenzione e automaticamente infondono un senso di certezza riguardo la professionalità del venditore. Un sito web o minisito graficamente curato "parla" al visitatore, che inevitabilmente giunge a questa conclusione: «Questo venditore sa il fatto suo».
Hai mai notato in alcuni siti web o minisiti, scritte grafiche come queste?

Professional Web Design

The Entrepeneurs Club

Sicuramente le hai notate! E che impressione ti hanno dato? L'impressione è la stessa che darebbero agli oltre 300 milioni di navigatori web nel mondo! Infatti, scritte graficamente curate come queste imprimono "professionalità" nella mente di chi le guarda; infondono emozioni!

Ma oltre al fattore puramente estetico, hanno anche l'importante funzione di catturare e catalizzare l'attenzione del visitatore. Tradotto in termini pratici, significa che **una scritta ben fatta può fare la differenza** tra un visitatore che decide di abbandonare la tua pagina, perché la giudica troppo amatoriale, e il visitatore che invece è *spinto dall'effetto estetico-professionale delle tue scritte* a non abbandonare la pagina e iniziare a leggere quello che vuoi comunicargli.

Bene, in genere queste scritte possono essere realizzate attraverso software professionali, costosi e spesso difficili da utilizzare, come per esempio Adobe Photoshop; oppure possono essere realizzate da grafici professionali che però ovviamente dovresti pagare e non poco.

Ho detto "in genere" perché ti sto per dire che tu puoi realizzare queste scritte da inserire nel tuo sito web con pochi click di mouse. Sì, ci sono, infatti, diverse soluzioni alternative gratuite e a pagamento che possono essere utilizzate per la creazione di scritte e composizioni grafiche particolari.

Per quanto riguarda le soluzioni gratuite, non posso che segnalarti uno dei migliori software di grafica presenti oggi sul web: **Gimp**. Gimp è un software open source, completamente gratuito, in Italiano e con caratteristiche analoghe a Potoshop. Può essere scaricato gratuitamente online (ti basta cercare la parola "Gimp" su Google), anche in formato "Portable" ovvero senza installazione necessaria, una versione che puoi portare con te su una pendrive o dispositivo portatile, pronto per essere utilizzato in qualunque momento.

La versione "Portable" la puoi scaricare direttamente dal seguente sito: http://www.portableapps.com

Gimp ha delle caratteristiche e funzioni davvero complete, e ti permette di realizzare lavori grafici per i tuoi siti web ben curati e d'impatto.

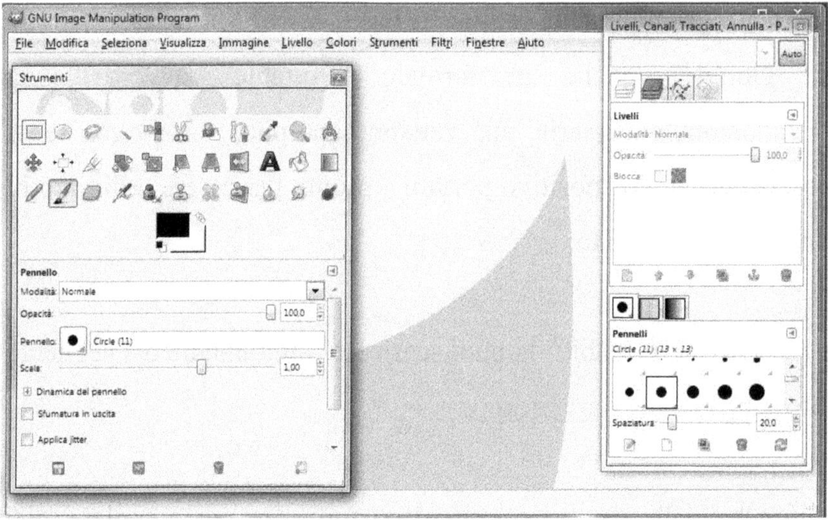

Unico svantaggio nell'utilizzo di Gimp? Se si può definire tale, diciamo che Gimp è un software gratuito talmente completo e professionale, che è necessario investire diverso tempo per imparare ad utilizzarne tutte le funzioni.

Ovviamente, il web anche in questo caso ti viene incontro, e cercando con Google potrai trovare diverse guide o videotutorial gratuiti che ti mostreranno come utilizzare le funzioni principali.

Un altro strumento gratuito che utilizzo frequentemente e che posso tranquillamente consigliarti è il software **Xheader.**

Xheader è un software gratuito prevalentemente ideato per la realizzazione di Header grafici. Ovviamente, la sua interfaccia intuitiva e ben studiata dai programmatori, ne permette l'utilizzo anche per la composizione di diverse grafiche molto carine.

Con Xheader, puoi creare scritte con font, colori e ombreggiature differenti, importare immagini esterne e sovrapporle l'una con l'altra, oppure sovrapporle con scritte grafiche e creare così slide, banner, scritte grafiche e Header professionali.

Ecco per esempio alcune slide da me realizzate grazie a Xheader, e poi utilizzate sul mio sito http://servizi-business.net.

Queste sono solo alcune composizioni grafiche che ho creato con il solo utilizzo di Xheader, ma puoi ben vedere come il risultato sia gradevole e ed efficace dal punto di vista estetico.

L'interfaccia del software è molto curata, anche se le funzioni sono in lingua inglese è davvero molto semplice utilizzarlo.

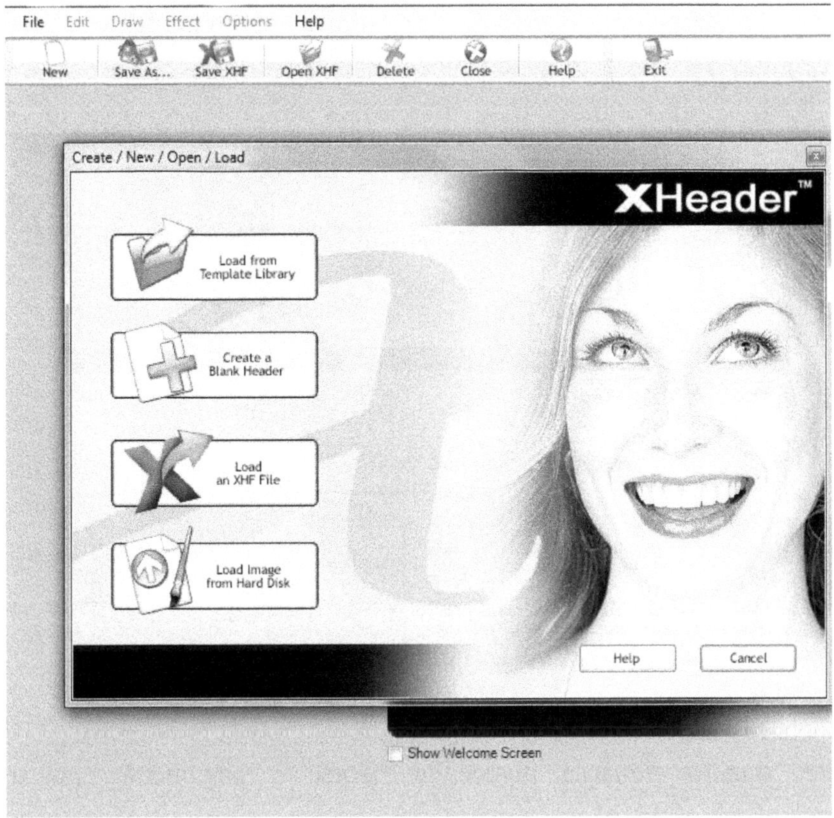

È possibile creare un Header o composizione grafica partendo da uno sfondo bianco, oppure aprire e decorare graficamente un'immagine esterna presente nel tuo hard disk.

Per il download gratuito del software puoi visitare il sito ufficiale http://www.xheader.com e registrarti gratuitamente alla newsletter.

Per quanto riguarda invece le risorse a pagamento, posso segnalarti un servizio molto carino per realizzare scritte grafiche, un piccolo **"studio grafico professionale online"** dove realizzare centinaia e centinaia di scritte (e pulsanti) professionali come quelle che hai visto poche pagine indietro!

Il servizio in questione aveva un costo di soli 5€ (una tantum) in fase iniziale di lancio, mentre ora per scelte di marketing da parte del produttore il servizio è accessibile con funzioni aggiuntive interessanti, sottoscrivendo una membership mensile dal costo di 27 dollari (circa 20€).

Il servizio in questione offre i seguenti vantaggi:

- realizza ogni tipo di scritta grafica professionale in meno di 5 secondi;
- non ha limiti di utilizzo;
- può essere usata da TUTTI i sistemi operativi;
- non richiede installazione;
- si usa da qualsiasi computer connesso a internet;
- archivia e cataloga tutte le realizzazioni che fai;
- ti offre la possibilità di usare gratuitamente modelli e stili realizzati da altri.

Anche se è in inglese, utilizzarlo è facilissimo: una volta che avrai effettuato il login e sarai entrato nel tuo pannello personale, potrai selezionare il tipo di immagine e digitare il testo della scritta che vuoi realizzare.

Poi sceglierai il tipo di colori e la misura che caratterizzeranno la tua creazione grafica; per fare questo hai a disposizione moltissime opzioni, come puoi ben vedere dalle immagini che mostrano i vari passaggi che potrai effettuare con estrema semplicità.

Font Size (pt) 50

select fill type

Fill with Colors/Gradients
Fill your Text/Shape above with a solid color or a gradient. Specify the (%) of the image you want filled with that gradient/color transition. When 'from'='to' a solid color is used.

color #1:	from #FFABB2	to #00BBFF	% of image	50
color #2:	from #ABBDFF	to #00BBFF	% of image	50
color #3:	from #ffffff	to #ffffff	% of image	0
color #4:	from #ffffff	to #ffffff	% of image	0

Gradients/Color Changes... You literally have control of the color changes when filling your image... so play with it - use more than one gradient to get that **double-gradient** look!
Brain Dead... Need some help? Try using our Color/Size AutoSuggester! Click Here!

Ad esempio la scelta del font e la regolazione in percentuale dell'intensità di ogni singolo colore che andrai a utilizzare.

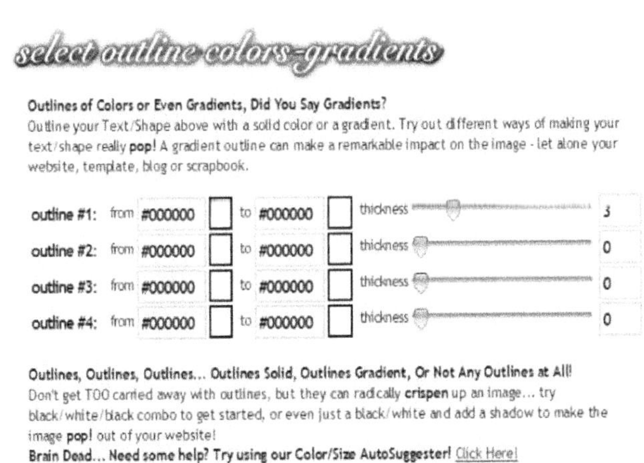

Oppure la regolazione di altri parametri che ti permetteranno di creare effetti grafici differenti, basati su gradazioni sfumate e particolari.

Potrai addirittura impostare le sorgenti di luce e i riflessi, nonché sfumature e quant'altro per realizzare qualcosa che sia dettagliatamente curato con professionalità.

Per finire, dopo aver impostato tutte le tue preferenze, cliccherai sul pulsante «**Build my creation**» e in pochi secondi la tua scritta sarà pronta.

Potrai a questo punto salvarla sul tuo computer con formati JPG, GIF, PNG, nonché archiviarla nella tua “galleria personale” che il servizio stesso ti metterà a disposizione.

In questo caso, dato che parliamo di una risorsa a pagamento, bisogna valutare bene l'investimento in base al suo utilizzo. Può essere una buona soluzione, se hai spesso bisogno di realizzare scritte grafiche professionali, oppure vuoi realizzare un servizio personalizzato di creazione di scritte grafiche per i tuoi clienti.

Per maggiori informazioni puoi visitare il sito ufficiale: http://www.quickwebcreations.com

Quindi, come hai potuto vedere, **puoi anche tu realizzare grafiche professionali** senza investire centinaia e centinaia di euro, basta che utilizzi le valide risorse gratuite che il web mette a disposizione, valutando poi software a pagamento solo ed esclusivamente in base alle tue esigenze.

Nel sito http://www.freewebpageheaders.com troverai invece altre innumerevoli risorse gratuite online, che ti permetteranno in breve tempo e con pochi click, di creare "header" grafici per i tuoi minisiti come questo:

Ciò farà la differenza fra il tuo minisito, intestato con un header grafico professionale, e un minisito amatoriale, con semplice intestazione a sfondo bianco.

Stesso discorso vale per i temi grafici di Wordpress o Template grafici di Joomla. Il web è pieno zeppo di risorse gratuite anche molto carine, basta prendersi il tempo di cercarle. Per ogni tua esigenza, la prima cosa che ti consiglio di fare è la seguente:
Cerca risorse gratuite con Google.

Esempio: Cerchi un tema grafico carino per il tuo sito Wordpress? In soli 3 minuti puoi trovare centinaia di download gratuiti in rete, sia usando la frase chiave "Temi gratuiti Wordpress" sia il corrispettivo in inglese (come si sa l'America è la madre del web marketing, e li le fonti sono davvero innumerevoli) "Free Wordpress Themes"

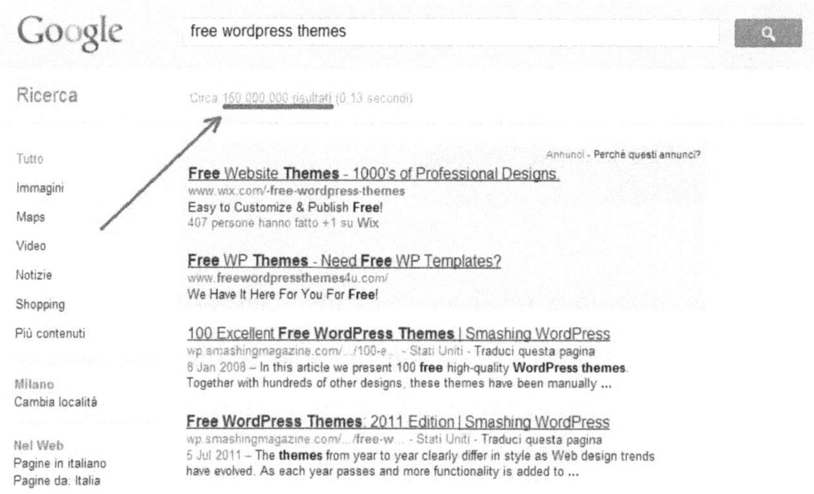

Risolti i problemi relativi alla grafica professionale passiamo a un altro aspetto fondamentale: **saper scrivere una lettera di vendita efficace** con l'obiettivo di generare più vendite possibili.

Cos'è una lettera di vendita?

Nel campo dell'Internet Marketing una lettera di vendita (sales letter) o di presentazione **è il contenuto scritto del minisito stesso**. Può essere anche un'email di vendita. Il processo di scrittura del testo che promuoverà il prodotto o il servizio che intendi vendere, si chiama "copywriting"; lo scopo principale di chi scrive la lettera di vendita è spingere il lettore ad agire, acquistando subito il prodotto.

Il *copywriter è l'esperto del settore*, è colui che si occupa professionalmente di scrivere lettere di vendita efficaci e persuasive, in grado di generare sicuramente delle vendite e quindi degli introiti. Sembra sbalorditivo, ma oggi ci sono copywriter che si fanno pagare profumatamente per scrivere lettere di vendita a persone come te, persone che creano siti web e iniziano a promuovere e vendere un prodotto.

Il mio obiettivo tramite questo ebook è quello di permetterti di essere "*il copywriter di te stesso*"! Tu devi **imparare a scrivere lettere di vendita efficaci senza pagare nessuno** che le scriva per te! Senz'altro hai già capito quale potenzialità possono avere le lettere di vendita. Una lettera di vendita efficace inviata a tutti gli iscritti alla tua mailing list può convertirsi in guadagno immediato. Già, perché una lettera di vendita ha l'enorme vantaggio di poter essere inviata tramite email, quindi di raggiungere i tuoi potenziali acquirenti in modo estremamente semplice e veloce.

Proponiti di sfruttare pienamente la potenzialità delle lettere

di vendita per sviluppare il tuo business e per generare guadagni. Molti nuovi marketer italiani hanno compreso quanto è importante essere abili nello scrivere lettere di vendita efficaci e si sono messi subito al lavoro. Tu non sei da meno! Grazie al mio aiuto puoi imparare tutte le strategie necessarie per essere un copywriter “vincente” e assaporare i frutti del tuo lavoro con grande soddisfazione.

Come nel caso del minisito, nelle tue lettere di vendita devi sempre e in ogni caso **motivare, informare e rassicurare.** Questa strategia insegnatami da Giacomo Bruno va applicata in tutte le fasi del tuo business.

Se questi tre requisiti non saranno soddisfatti, la tua lettera di vendita *non avrà successo*! Non venderai! Quindi devi **motivare** il visitatore descrivendo i benefici e i vantaggi che il tuo prodotto potrà dargli. Nel fare questo **illustra solamente vantaggi e i benefici reali** che si potranno realmente riscontrare. **Non fare false promesse**, altrimenti avrai guadagnato una vendita ma avrai perso otto clienti, cioè colui che ha acquistato il tuo prodotto e gli altri sette a cui lui stesso avrà parlato male di te e del tuo prodotto.

Le persone hanno bisogno di essere motivate. Del resto anche tu, prima di deciderti ad acquistare questo ebook, ti sarai senz'altro posto domande come: «Sarà realmente un prodotto valido?», «Mi saprà dare i giusti consigli, le strategie vincenti?» o ancora: «Mi permetterà realmente di guadagnare da casa tramite internet?» Le stesse domande se le pone chiunque legga la tua lettera di vendita; solo dopo aver dato la giusta **motivazione,** avendo risposto a queste domande, il visitatore desidererà avere maggiori informazioni.

Ecco, ora la tua lettera di vendita deve **informare** realmente circa le caratteristiche del tuo prodotto nei minimi particolari. Le persone vogliono sapere il più possibile su ciò che sono interessati ad acquistarc. Ncl caso di un *cbook* come questo, per esempio, è essenziale far conoscere a chi è interessato *tutti gli argomenti trattati*. Ricorda che più nessuno oggi acquista un ebook "nella speranza" che tratti un particolare argomento di suo interesse.
Se l'ebook tratta quell'argomento ALLORA lo acquista e la *certezza gliela devi dare tu attraverso la descrizione*. Devi anche

descrivere te stesso, cosa fai, perché hai deciso di vendere quel prodotto; in internet non è possibile "tastare con mano" il fatto che tu sei un addetto alla vendita "amichevole", ma ciò deve necessariamente trapelare da quello che scrivi. Quindi *dai la possibilità al visitatore di inviarti un'email per poterti "parlare"*, oppure fornisci il link al tuo Help Desk, o un numero verde per poterti contattare telefonicamente; in questo modo compi il primo passo per **rassicurare.**

Oggi molte persone hanno ancora paura di acquistare tramite internet, magari perché preferiscono non usare la propria carta di credito, oppure hanno *paura che dopo aver pagato non riceveranno mai l'ebook* che hanno acquistato. Ecco perché c'è bisogno di **rassicurare**; a questo scopo PayPal ti sarà davvero utile, ma te ne parlo più avanti.

Nel caso tu venda un prodotto tuo, per esempio, il classico «Garanzia 100% soddisfatti o rimborsati» sarebbe un'ottima rassicurazione per il tuo potenziale cliente. È vero che questo può portare degli svantaggi a te che vendi, ma sicuramente se il tuo prodotto mantiene realmente le promesse descritte nella tua lettera di vendita non avrai problemi, perché chi lo ha acquistato ne sarà soddisfatto.

Naturalmente se vendi un ebook (o qualunque prodotto digitale) non puoi usare questa tecnica, perché *nessuno può assicurarti che colui che ha acquistato l'ebook stesso non lo salvi sul proprio hard disk prima di restituirtelo*. In questo caso puoi usare altre strategie, come per esempio frasi del tipo «Effettuerai il download immediato subito dopo il pagamento» o ancora «Nessuna spesa di spedizione».

Infatti, la paura di non ricevere nulla dopo aver pagato viene sminuita dal fatto che l'acquirente non aspetterà neanche un minuto dopo aver effettuato l'acquisto, potrà avere subito il suo ebook e leggerlo immediatamente! Più avanti nel capitolo relativo a PayPal ti spiegherò come impostare la consegna digitale automatizzata in modo assolutamente semplice e gratuito.

Visto che nel caso dei prodotti digitali non puoi dare la «Garanzia 100% soddisfatti o rimborsati», non resta che anticipare le obiezioni che potrebbero nascere come conseguenza delle paure del potenziale acquirente. Come puoi fare questo? Utilizzando nelle tue lettere di vendita frasi del tipo:«So che pensi di trovarti di fronte alle solite strategie ormai conosciute da tutti per guadagnare online».

Ma soprattutto:

- Per prima cosa devi essere sicuro che la lettera di vendita che stai per scrivere si riferisca a un prodotto che ti INTERESSA REALMENTE, questo perché "inconsciamente" ognuno di noi è portato a **scrivere di più e meglio quando un argomento lo interessa sul serio**. Contrariamente, se un argomento non ti interessa abbastanza sarai inevitabilmente più "blando" nella sua descrizione.
- Crea una lettera di vendita originale in tutto e per tutto! **Non "scopiazzare"** anche solo alcune parti del lavoro altrui o *perderai professionalità*! Che effetto ti farebbe leggere una lettera di vendita e accorgerti che è stata copiata da qualcun altro? Evita quindi di utilizzare contenuti duplicati, perché oltre a perdere di credibilità, potresti anche venire penalizzato da Google, e perdere prezioso traffico web.
- Quando scrivi una lettera di vendita considera il fatto che in

realtà stai comunicando con una persona e da ciò che scrivi deve trapelare una conversazione in prima persona con colui che la legge. Invece di usare frasi del tipo: «Questo prodotto *ci permette* di offrirle...», scriverai: «Con questo prodotto *ti offro...*». Quindi, quando ti rivolgi alla persona, fallo dandole del **"TU" e parla di te** venditore come persona singola, **evitando** perciò di riferirti a te stesso con il pronome **"noi"**.

- Nella tua lettera di vendita devi giustamente **motivare** e per fare ciò devi descrivere i grandi benefici che il tuo prodotto può dare a chi lo acquista. Spesso questo può bastare per fare leva sulle emozioni di chi legge la tua lettera di vendita. Ma ho detto "spesso", non "sempre". Per assicurati quel "sempre" manca un qualcosa e questo qualcosa può essere una testimonianza, meglio se più di una. Le **testimonianze** possono dare **"supporto alle tue affermazioni"**. Attenzione: quando parlo di testimonianze, o recensioni, parlo di informazioni veritiere, non di testimonial frutto di scambio di favori o cose di questo tipo. Ricorda che se entri anche tu nel "Circolo Vizioso" delle testimonianze "Costruite a suon di favori o accordi commerciali" gli utenti se ne accorgeranno e invece di ottenere un beneficio, danneggerai solamente il tuo business.

- Presta attenzione alla **grammatica**. Spesso qualche piccolo errore scappa a tutti; dedica sempre una manciata di minuti alla **revisione meticolosa** della tua lettera di vendita, con l'obiettivo di presentare una lettera di vendita priva di errori. Sembra ingiusto, ma ogni errore grammaticale può toglierti 2 punti di percentuale sulle probabilità di vendita.
- Se stai presentando un prodotto o un servizio, **descrivi chiaramente** nella lettera di vendita **il motivo** per cui lo stai presentando, per esempio: «Per permetterti di realizzare un minisito anche se non hai alcuna conoscenza del codice HTML ho deciso di creare un servizio ...».
- Ricorda sempre che sono le "parole" che ti permetteranno di vendere attraverso la lettera di vendita, non "la grafica". Quindi **concentrati principalmente su ciò che si leggerà**. Una grafica "prorompente" può distrarre dall'obiettivo primario. Quindi nella realizzazione grafica della tua lettera di vendita **cura la grafica quanto basta per non sembrare "amatoriale" ma "professionale"**. Come hai potuto notare, non è assolutamente necessario pagare 1500 € a un professionista per farti scrivere delle lettere di vendita

efficaci. Lo puoi fare tu se segui le metodologie che ti ho indicato. Sfrutta pienamente queste conoscenze e vedrai crescere il tuo business giorno dopo giorno.

SEGRETO n.6: Impara a comunicare efficacemente con chi non ti può vedere, scrivendo lettere di vendita persuasive e convincenti.

Oggi grazie al Web 2.0 è possibile interagire con migliaia di persone in modo semplice e veloce attraverso i **blog**. Ho parlato di pagine web e minisiti. Ora ti parlo del blog. Perché?

SEGRETO n.7: Il tuo marketing lieviterà in breve tempo se crei il tuo blog e ne sfrutti le potenzialità nascoste.

Oggi il blog rappresenta la soluzione più facile e veloce, sempre gratuita, per crearti una pagina web. Quindi, se sei in difficoltà o trovi difficile per il momento crearti una pagina web da solo, oppure momentaneamente non hai proprio la possibilità di investire neppure pochi euro mensili per un servizio di hosting professionale, la soluzione del blog gratuito può essere ottimale per iniziare.

Attraverso il blog puoi, in cinque minuti, avere una tua pagina web completa, con la grafica che preferisci, e subito online senza spendere neanche 1 €. Infatti, *attraverso il blog puoi pubblicare la tua pagina web senza acquistare nessun servizio di hosting o spazio web*, cosa che invece non è possibile con i minisiti. Oggi il marketing e/o comunque la pubblicità del proprio marketing attraverso il blog è una strategia largamente usata in Italia e **funziona**.

Il **blog è uno spazio dove è possibile esprimere il proprio pensiero e lasciare che altri esprimano il loro**; questo **"scambio di idee"** è particolarmente ricercato negli ultimi anni; non a caso si contano oltre 100 milioni di blog sulla rete web mondiale. Il blog è uno strumento potentissimo che *puoi usare anche per farti pubblicità o generare traffico verso il tuo sito web e/o minisiti.*

Attraverso il blog *crei un tuo ambiente di discussione su argomenti che scegli tu e sui quali sei adeguatamente preparato.* Puoi coinvolgere moltissime persone che potranno interagire con te e instaurare con loro un rapporto di fiducia. Poi strategicamente **inserirai** nella pagina web del blog stesso tutti i link che vorrai, **link indirizzati verso il tuo portale web o sito web**, che descrivono uno specifico prodotto attinente con l'argomento di discussione, oppure verso prodotti o servizi dei tuoi affilianti, o più semplicemente verso la pagina di iscrizione alla tua mailing list.

Creare un certo "traffico" attraverso il blog significa generare lo stesso "traffico" verso il tuo sito, verso i tuoi prodotti. Se usi strategie mirate, anche il blog può permetterti dunque di guadagnare. Considera anche quale potere pubblicitario può avere una recensione riguardo a un prodotto.

Ti ricordi il **motivo principale per cui un visitatore non acquista subito alla prima visita**? Il visitatore, prima di acquistare il prodotto, **cercherà attraverso internet RECENSIONI** riguardanti il prodotto o prodotti concorrenti valutandone il confronto. Ciò dimostra che le recensioni sono largamente ricercate da chiunque voglia effettuare un acquisto o semplicemente è interessato a farlo.

Quale risultato darebbe un **blog ricco di recensioni riguardanti prodotti distribuiti da una società con cui tu collabori come affiliato**? La risposta è semplice: **probabilità di guadagno**. Tieni presente inoltre che i blog, e soprattutto quelli molto frequentati, fanno letteralmente “ingolosire” i motori di ricerca e questo va tutto a tuo vantaggio.

Quindi, anche se hai deciso di creare un tuo sito web e i minisiti, usa questo potente strumento gratuito come *complemento al tuo piano marketing* e sfruttane le potenzialità *per creare pubblicità gratuita verso il tuo business*.

Fondamentalmente, il blog rispecchia alla perfezione quello che è il Web 2.0 e il suo obiettivo: la condivisione delle informazioni. Il Blog permette al Blogger di condividere pareri, opinioni, esperienze personali, e permette agli utenti di commentare, condividendo a loro volta i LORO pareri, le LORO opinioni ed esperienze personali. Dove c’è una vasta rete di informazioni condivise fra utenti, c’è sempre traffico web targettizzato (il target è l’argomento trattato nel Blog) e di conseguenza benefici in termine di vendite e Business.

Ma passiamo al lato pratico: ci sono diversi servizi web gratuiti che ti danno la possibilità di aprire un blog, ma dopo averli scrupolosamente analizzati posso tranquillamente segnalarti www.blogger.com come il servizio migliore insieme al concorrente **Wordpress**.

Creare e pubblicare il tuo blog

Comincia vistando il sito www.blogger.com.

La schermata iniziale è molto chiara e ti guiderà nella creazione del tuo blog in pochi minuti. Per prima cosa è necessario avere registrato un account Google, che ti permetterà di utilizzare anche la **casella di posta Gmail** (miglior servizio presente sul web con più di 3 Gigabyte di spazio per archiviare la tua posta e motore di ricerca interno). Nel caso tu abbia già registrato un account Google, non dovrai fare altro che compilare il modulo, come raffigurato, per avere accesso al **servizio blog**.

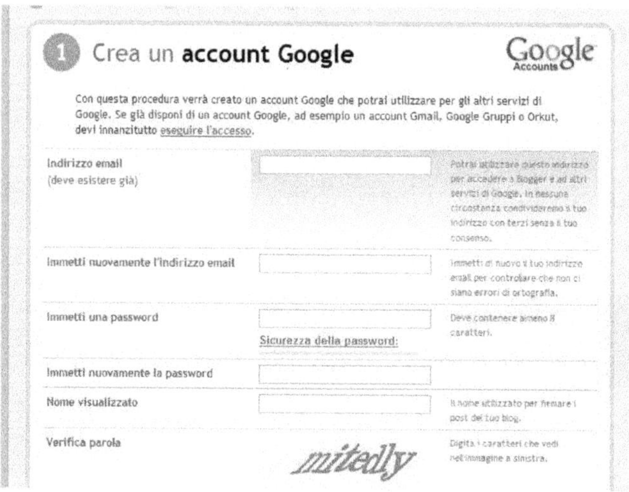

Ecco, ora dovrai decidere quale **nome dare al tuo blog**: anche in questo caso non digitare un nome "a casaccio", ma usa strategia! Ricordi cosa ti ho insegnato riguardo alla scelta del nome per il tuo sito web? Bene... gli stessi criteri e le stesse strategie vanno usati per scegliere il nome del tuo blog.

Ricordati che il tuo blog "spalleggerà" il tuo business, quindi usa

anche in questo caso lo strumento che ti permette di trovare le keywords maggiormente ricercate. Google ti fornisce ciò che ti serve per trovare le parole chiave adatte per una miglior indicizzazione sui motori di ricerca:
https://adwords.google.com/select/KeywordToolExternal

Dopo le tue attente valutazioni puoi scegliere definitivamente il nome da assegnare, compilando il campo richiesto nel pannello «**Scegli un nome per il tuo Blog**»; seguirà la verifica dell'effettiva disponibilità del nome che hai scelto.

Questo passaggio è molto semplice e l'interfaccia grafica di

Blogger ti assiste in tutta la creazione guidata, garantendo la pubblicazione del tuo blog con successo, anche se non sei un esperto. Puoi ora tranquillamente **scegliere una grafica** che si adatti alle tue preferenze tra i modelli forniti dal servizio stesso.

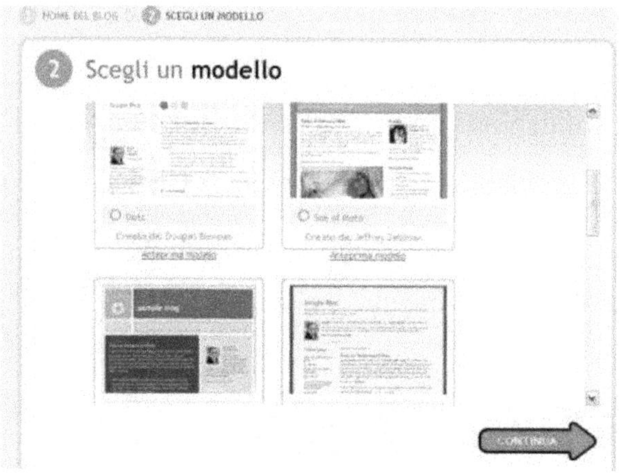

Ora organizza tutti gli elementi che andranno a comporre la tua pagina web; puoi aggiungere elementi a piacimento, che possono essere anche codici HTML relativi a banner grafici o immagini. Questo passaggio è molto importante! Qui, infatti, puoi aggiungere, per esempio, link, banner grafici che reindirizzano verso i tuoi affilianti, box per l'iscrizione alla tua mailing list e molto altro.

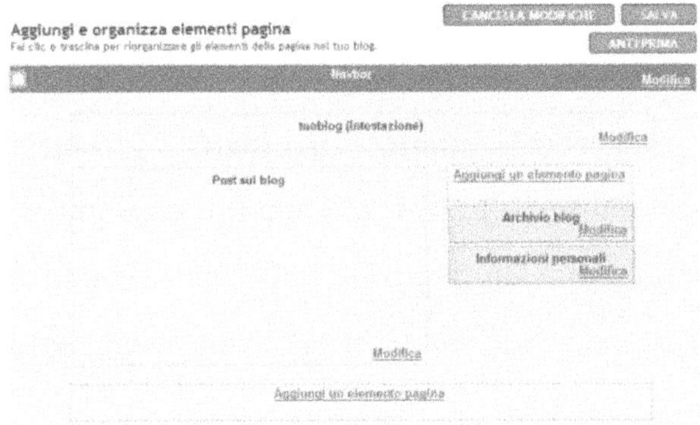

Ora che hai impostato la grafica e i contenuti del tuo blog, puoi **iniziare a scrivere i tuoi articoli** (post) attraverso un'interfaccia semplice e intuitiva, come quelle che ti hanno permesso di strutturare e pubblicare in pochi minuti l'intero blog. Quindi clicca su «**Post**» e inizia…

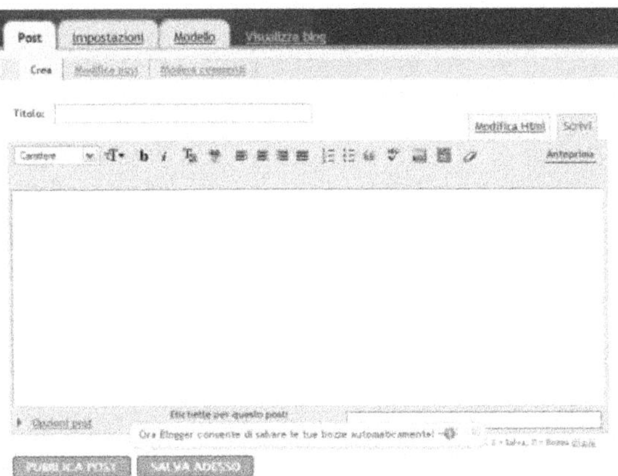

Ricorda un aspetto fondamentale: **più il tuo blog sarà "ricco" di articoli, più terrai alta l'attenzione dei visitatori e conseguentemente genererai molto "traffico" e sarai indicizzato meglio nei motori di ricerca!** Quindi ti consiglio di dedicare qualche minuto, almeno due o tre volte ogni settimana per scrivere articoli utili sul tuo blog, in modo da mantenerlo "vivo".

Poi il "passaparola" e i motori di ricerca faranno il resto. Se hai difficoltà a scrivere articoli utili due o tre volte ogni settimana puoi sempre sfruttare le risorse contenute nel sito www.articolista.com. In questo sito infatti potrai prelevare articoli utili ideati e creati da altre persone, rispettando sempre e comunque le citazioni dell'autore e i rispettivi link al suo sito web.

Più aggiornerai frequentemente il tuo blog con nuovi articoli, più i motori di ricerca ti indicizzeranno, maggiore sarà il ritorno pubblicitario verso i tuoi prodotti o i prodotti delle società con cui collabori come affiliato.

Ricordi cosa ho spiegato prima riguardo alle recensioni? È arrivato il momento di agire scrivendo, all'interno del tuo blog, diverse *recensioni relative a prodotti o servizi che vendi o pubblicizzi come affiliato*. Nelle recensioni inserisci anche il link che porterà il visitatore direttamente alla pagina o minisito dove potrà effettuare subito l'acquisto.

Questa strategia pubblicitaria aumenta del 15-20% le probabilità di acquisto da parte del visitatore. Perché? Nel capitolo riguardante i minisiti e le lettere di vendita ti ho mostrato come il visitatore, **dopo aver letto l'esauriente descrizione del tuo prodotto ed essere stato rassicurato circa i vantaggi che lo stesso prodotto offre, ha davanti due possibilità**:

1. Quella di cliccare sul pulsante "Acquista ora" ed **effettuare l'acquisto**.
2. Quella di abbandonare anche momentaneamente la pagina ed **effettuare ricerche sul web**, nella speranza di trovare recensioni che parlino del prodotto in questione.

In questo caso invece il visitatore che arriva alla pagina di vendita del tuo prodotto, attraverso il link che avrà trovato in fondo alla recensione relativa al prodotto stesso, sarà maggiormente rassicurato e invogliato all'acquisto. Quindi **dopo aver letto l'esauriente descrizione del tuo prodotto ed essere stato rassicurato dalla recensione letta sul tuo blog, ha davanti sempre due possibilità**:

1. Quella di cliccare sul pulsante "Acquista ora" ed **effettuare l'acquisto**.
2. Quella di **abbandonare definitivamente** la pagina perché non interessato realmente al tuo prodotto.

Cosa è cambiato? Semplice: attraverso la recensione scritta sul tuo blog hai evitato che il visitatore abbandonasse la tua pagina di vendita per cercare altre notizie e magari trovare così prodotti concorrenti che avrebbero potuto darti "filo da torcere". In questo modo, lo ripeto, hai aumentato la probabilità di vendita del 15-20%. Queste strategie ti permetteranno di *trasformare uno strumento gratuito in un "generatore pubblicitario"* non indifferente!

Oltre a ciò nulla ti vieta di inserire nella pagina del blog stesso dei *banner pubblicitari* che ti diano un compenso per ogni "click" generato, in modo da trasformare il tuo blog in una macchina che genera guadagni automaticamente. Ad ogni modo tieni presente che **l'obiettivo del tuo blog NON è quello di VENDERE ma quello di creare un rapporto di fiducia** tra te e tutti coloro che visiteranno e esprimeranno i loro commenti all'interno del blog stesso.

Più guadagnerai la fiducia delle persone, più propense queste saranno ad acquistare da te un prodotto, anziché da un tuo concorrente. Ecco un *esempio semplice ma diretto*: ti rechi rispettivamente in due negozi dove hai trovato un articolo interessante che vuoi acquistare; entrambi i negozi dispongono dello stesso identico articolo allo stesso identico prezzo.

Però, mentre nel primo negozio l'addetto alle vendite ti "gironzola intorno" senza dirti una parola, ma aspetta solamente che tu ti decida a mettere l'oggetto nel carrello e recarti alla cassa per pagare, nel secondo negozio l'addetto alla vendita nota forse la tua perplessità e ti avvicina amichevolmente per darti delle informazioni relative al prodotto che ti interessa.

Dove decidi di acquistare il prodotto? Chissà perché decidi di acquistarlo nel secondo negozio! Questo la dice lunga su come il tuo blog può realmente avvantaggiare il tuo business viaggiando, per così dire, “a braccetto”. Instaurare un **amichevole rapporto di fiducia con le persone** serve tantissimo nel marketing online.

Non sottovalutare dunque le potenzialità dei blog e stabilisci un programma che ti permetta di gestire e aggiornare regolarmente il tuo blog. In questo modo potrai ottenere un’ottima e costante indicizzazione sui motori di ricerca, tutto a vantaggio del tuo marketing e quindi dei tuoi possibili introiti; ne vedrai i risultati in poco tempo!

RIEPILOGO DEL GIORNO 3:

- SEGRETO n.1: Crea il tuo sito Web e sfruttalo come generatore di pubblicità e traffico web.
- SEGRETO n.2: Capire come funziona un minisito di vendita ti permette di valutarne le potenzialità e potrai sfruttarlo al meglio nel tuo business.
- SEGRETO n.3: Un minisito vincente deve Motivare, Informare e Rassicurare ogni visitatore potenzialmente interessato al tuo prodotto.
- SEGRETO n.4: Attraverso la scelta del nome a dominio per il tuo sito web e/o minisiti PREGIUDICHERAI il successo del tuo business e quindi il tuo guadagno.
- SEGRETO n.5: Ogni idea va valutata con attenzione e perspicacia, perché può nascondere grandi potenzialità in termini di risultato.
- SEGRETO n.6: Impara a comunicare efficacemente con chi non ti può vedere, scrivendo lettere di vendita persuasive e convincenti.
- SEGRETO n.7: Il tuo marketing lieviterà in breve tempo se crei il tuo blog e ne sfrutti le potenzialità nascoste.

GIORNO 4:
Come creare la tua mailing list

Una mailing list non è altro che un archivio o lista di indirizzi email di persone che hanno deciso di iscriversi per rimanere in contatto con te e con il tuo business.

SEGRETO n.1: La mailing list è l'obiettivo più importante cui devi mirare per rendere il tuo business un business di successo.

Quest'affermazione è vera al punto che diversi marketer affermati nel mondo sono concordi nel dire che: «I soldi sono nella lista». Tradotto in termini pratici vuol dire che *il tuo guadagno dipenderà dalla tua mailing list.*

Quali sono i vantaggi di una mailing list? Prima di tutto devi tenere presente che la mailing list ti permette di raggiungere i nuovi visitatori del sito tutti i giorni; inoltre:

- puoi tenerti in contatto con loro e creare un rapporto di business;
- puoi convertire i visitatori in clienti e quindi convertire semplici visite in vendite;
- ti permette di generare ripetutamente un “flusso” di traffico verso il tuo sito web;
- gli iscritti sono soggetti interessati al tuo business e a ciò che hai da offrire loro, ora e in futuro (nuovi prodotti, omaggi ecc);
- puoi effettuare delle vendite agli iscritti ogni volta che vuoi;
- puoi vendere agli iscritti più prodotti nel tempo;
- puoi ottenere supporto dagli iscritti chiedendo di lasciare delle testimonianze da pubblicare sul tuo sito web;
- puoi avere costante traffico sul tuo sito internet nel corso del tempo.

Per farti un esempio, prova a immaginare il lavoro che svolge in una giornata un *rappresentante porta a porta*. Questo lavoratore va in cerca di persone interessate a ciò che egli propone, prodotto o servizio che sia. Un lavoro non indifferente con un unico obiettivo: *cercare qualcuno che sia interessato al suo business*!

Bene, renditi conto che **la mailing list ti aiuterà a svolgere questo arduo compito in maniera automatica**.

Tutti coloro che decideranno di iscriversi alla tua mailing list sono persone INTERESSATE al tuo business e a ciò che proponi loro. Che grande vantaggio è questo per te! Avrai allora una lista "mirata" di persone alle quali potrai proporre vendite a prezzi vantaggiosi, come e quando vorrai, utilizzando una sorta di *strategia delle "offerte al ribasso"*. Ritieni sia un modo presuntuoso di imporre l'acquisto dei tuoi prodotti? Assolutamente no! Si tratta di un *modo per agevolare tutti coloro che si sono iscritti alla tua mailing list* e che si aspettano un "trattamento speciale" da parte tua.

Ti faccio un altro esempio per darti l'idea del potenziale di una mailing list. Supponi di distribuire un prodotto, magari un ebook con *Le 100 Strategie Avanzate per Triplicare il traffico verso il proprio sito web*, ebook che vendi solitamente a 19,90 €, offrendo i diritti di rivendita a tutti coloro che l'acquisteranno. Bene, ora supponiamo che 100 persone si siano iscritte alla tua mailing list; solo a queste 100 persone invii un messaggio del tipo: «*Caro iscritto, quanto sia importante avere molto traffico di visitatori verso il proprio sito web al fine di guadagnare online, penso che tu lo abbia capito e quindi non voglio dilungarmi al riguardo... Ma per facilitare il tuo lavoro online ho pensato di darti una possibilità speciale: un ebook contenente* Le 100 Strategie Avanzate per Triplicare il traffico verso il proprio sito web. *Solo per te iscritto c'è uno speciale sconto del 50%, che ti consentirà di acquistare l'ebook, inclusi i diritti di rivendita, a soli 9,99 € anziché a 19,90 €. Guardalo tu stesso cliccando sul link e facci un pensierino... Tieni presente che l'offerta scade entro 72 ore* [link che reindirizza al minisito contenente l'ebook in offerta]»

Questo messaggio lo invii a 100 potenziali acquirenti che si sono iscritti alla tua mailing list, *proprio perché sono interessati a questo tipo di business.* **Molti di loro sicuramente stanno avviando un loro business personale** o hanno intenzione di farlo a breve e sicuramente a ognuno di loro farà "gola" poter acquistare un ebook con quel titolo e soprattutto saranno ancora più invogliati dal fatto che offri loro i **diritti di rivendita** dell'ebook stesso, cosa che darà loro la possibilità di iniziare subito a crearsi magari un minisito e rivendere l'ebook tenendosi il 100% dei profitti.

Quindi, supponiamo che 30 dei 100 iscritti acquistino il tuo ebook in offerta. Il risultato? Quasi 300 € guadagnati in un giorno e solo ed esclusivamente tramite l'invio di un messaggio! Pensa se invece di 30 fossero 60 coloro che si avvalgono dell'offerta! E pensa se, invece di 100, gli iscritti alla tua mailing list fossero 500! Moltiplica il tutto per ogni offerta che dedicherai ai tuoi iscritti, magari una ogni 10-15 giorni... Che ne dici?

Ecco perché la **mailing list** può essere definita il **PERNO CENTRALE intorno al quale ruota tutto il tuo business**. Creare una tua lista di distribuzione o mailing list e sapere come usarla, ti garantisce il successo in qualsiasi tipo di marketing.

Per poter creare e gestire una mailing list sono stati sviluppati molti software e applicazioni, i più comuni e usati sono gli **autorisponditori** (o **autoresponder**). Che cosa sono? Te lo spiego a grandi linee: mediamente occorrono almeno cinque/sette contatti email consecutivi per concludere una vendita. Questo significa che devi inviare un'email per ogni cliente, poi attendere due giorni e inviarne altrettante ecc. Moltiplica questo lavoro per ogni prodotto che vorrai vendere, per tutti i prodotti che venderai e per tutti i potenziali acquirenti che troverai. Sarebbe umanamente impossibile gestire un numero così elevato di contatti ogni giorno.

Un **autorisponditore gestirà tutti questi contatti per te in maniera completamente automatizzata** e senza bisogno che tu stia davanti al computer, o comunque senza bisogno che il tuo computer rimanga acceso. Un autorisponditore è un sistema che LAVORA PER TE 365 giorni l'anno, 7 giorni su 7, 24 ore al giorno! Un autorisponditore è ciò che ti permetterà di inviare agli iscritti della tua mailing list proposte d'acquisto, offerte per nuovi prodotti, campagne promozionali speciali e tutto questo potrà permetterti di generare delle vendite in modo completamente automatizzato.

Quali sono alcuni autoresponder adatti a te e al tuo progetto di marketing online? Il miglior servizio di autorisponditore professionale in campo internazionale è **Aweber**, puoi valutarne le caratteristiche e le potenzialità visitando il sito www.aweber.com.

Tuttavia, per alcuni potrebbero esserci alcune problematiche relative all'utilizzo di Aweber, sia per quanto riguarda i costi di gestione nel caso tu abbia diverse migliaia di utenti iscritti (e se il tuo business crescerà li avrai sicuramente), sia per quanto riguarda l'interfaccia di utilizzo che è in lingua inglese. Lo stesso discorso vale per il supporto clienti, sempre in Inglese.

Anche in questo caso ci sono vantaggi notevoli nell'utilizzo di servizi di Autorisponditori Professionali **Italiani**, sia per quanto riguarda i costi inferiori e più "adatti" alle esigenze di mercato del nostro paese, sia per quanto riguarda l'interfaccia in Italiano (anche lato iscritto), e supporto clienti in Italiano.

Dal 2009 è online il mio servizio di **Autorisponditori Professionali**, che ha ricevuto nel corso di questi anni un alto indice di gradimento. Il servizio offre tutte le caratteristiche avanzate per il web marketing, e solo per elencarne qualcuna abbiamo: il tracciamento della pubblicità e dei link; la programmazione anticipata, non solo in date e giorni della settimana prestabiliti, ma anche dell'orario specifico di invio newsletter. È disponibile anche la personalizzazione dell'indirizzo email del mittente che ti permette di inserire come mittente l'indirizzo info@tuositoweb.com invece del classico "Brand" nomeautoresponder@autorisponditoriprofessionali.com.

Non di poca importanza anche la funzione integrata che permette agli iscritti di rilasciare un feedback o la motivazione per cui si sono cancellati nel momento che procedono alla cancellazione, e molte altre funzioni aggiunte per cui ci vorrebbero diverse pagine di descrizione.

A fronte di costi nettamente inferiori ad Aweber e più in linea con le esigenze italiane secondo il mio punto di vista, può essere un solido strumento di business completamente in italiano.

Per vedere tutte le caratteristiche del servizio, provare la Demo, visualizzare i Videotutorial o chiedere informazioni in merito, visita il sito ufficiale:

http://www.autorisponditoriprofessionali.com

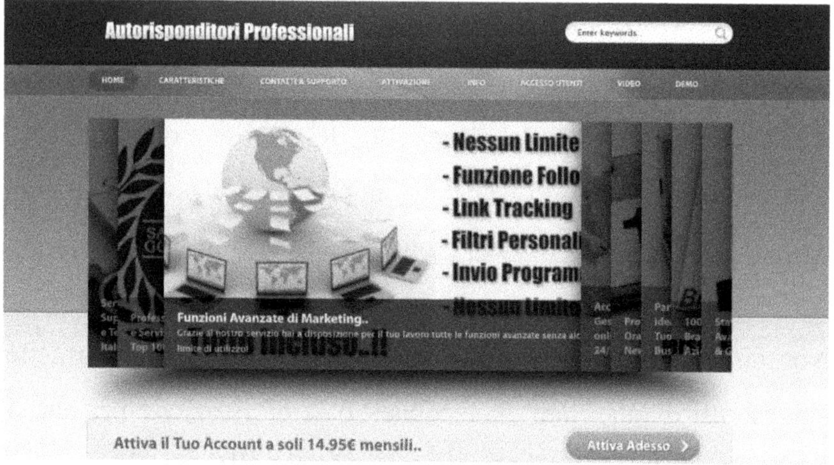

Tuttavia, se fai una rapida ricerca con Google, ti accorgerai che gli autoresponder usati e consigliati dai molti internet marketer sono diversi e, oltre ai classici autoresponder a pagamento, sono disponibili anche servizi gratuiti o addirittura script installabili sul tuo spazio web.

Considera questi aspetti nella valutazione di una possibile scelta: **ogni servizio gratuito offerto dal web nasconde in realtà delle lacune non sottovalutabili.** Anche in questo caso, infatti, il gestore del servizio gratuito si riserva ogni diritto di *sospendere il servizio in qualunque momento* per qualsiasi motivo anche senza PREAVVISO!!

Sai cosa significa questo? Significa che centinaia di nomi, indirizzi email, messaggi e link, insomma, tutto il lavoro che tu hai fatto nel corso del tempo, il CUORE del tuo sistema di marketing, potrebbe sparire da un giorno all'altro con una perdita di potenziale profitto che arriva fino al 70%!

Aggiungi a questo anche il fatto che, nella maggior parte dei casi, un servizio gratuito inserirà in automatico della pubblicità nelle email che invierai periodicamente ai tuoi iscritti. Pubblicità che, oltre a non portare a te nulla di vantaggioso in termini economici, nella maggior parte dei casi non sarà neppure attinente con il tuo business, con la tua nicchia di mercato. Come risultato, il tuo iscritto ne sarà distratto e sicuramente infastidito: non piace a nessuno ricevere periodicamente pubblicità cui non si è interessati.

Prima o poi diversi tuoi utenti si cancelleranno dalla tua Mailing List, e magari non perché non erano interessati a ciò che tu proponevi, ma perché infastiditi dalla pubblicità derivante dall'utilizzo di uno strumento di business poco "Idoneo" in tal senso.

Il servizio a pagamento quindi dovrebbe essere una buona scelta, sicuramente migliore dei servizi gratuiti e da prendere in considerazione assolutamente se vuoi lavorare online in modo serio e professionale senza rischiare di danneggiare il tuo Business. In questo caso metti in preventivo di dover spendere **15-25 €** mensili (questo è il canone mensile richiesto dalla maggior parte dei servizi a pagamento), quindi circa 250-300 € annuali.

Tieni comunque presente che investirai quel denaro per un servizio che sarà il "Perno Centrale" del tuo Business, un servizio che svolgerà per te 24 ore su 24 il lavoro che dovrebbe svolgere invece una segretaria. Tutto automaticamente anche quando il tuo Pc è spento, il che significa un risparmio di tempo e risorse del 50%, quindi nella maggior parte dei casi parliamo sempre e comunque di un investimento con un **R.O.I** (Ritorno sull'investimento) certo e sicuro!

Una cosa oramai risaputa e certa è la seguente: **ogni serio progetto di marketing deve essere affiancato da un autoresponder professionale**. Quindi valuta bene le tue scelte e soprattutto stabilisci se investire subito in partenza questo denaro per un servizio di autoresponder oppure NON investire subito questo denaro e **optare per il "fai da te"** almeno in fase iniziale, nell'attesa che il tuo lavoro inizi a portare profitti costanti ogni mese.

Dalla mia esperienza nel campo, posso confermarti che il "Fai da te" per quanto riguarda la gestione dell'email marketing attraverso sistemi autoresponder, è possibile ma in maniera molto limitata e solo fino a un certo punto. Esistono, infatti, degli script (uno script è un software installato e operativo su un server e non sul tuo computer) da installare sul tuo server (spazio web) che possono svolgere un lavoro simile a quello che svolgerebbe un servizio di autorisponditore a pagamento.

Obiettivamente potrebbe sembrare una valida alternativa ai servizi a pagamento ma in realtà non lo è per una serie di motivi che ora ti spiego:

Motivo 1:

Tutti gli script (gratuiti e non) relativi agli autorisponditori (li puoi trovare sul sito web http://www.scriptsearch.com, dove ce ne sono molti gratuiti, oppure visitando il sito http://www.resourceindex.com, dove potrai trovare molte risorse adatte ai tuoi obiettivi), sono nella maggior parte dei casi in lingua inglese, vanno quindi tradotti in italiano per poter essere utilizzati al meglio

Motivo 2:

Questi script sono ideati per il mercato USA. In Italia, la legge sulla privacy è molto rigida per quanto riguarda l'utilizzo dei servizi o software per la raccolta dati e l'invio delle email. È infatti previsto l'obbligo del doppio Optin (la conferma di iscrizione obbligatoria), e altre variabili importanti. Uno script autoresponder nella maggior parte dei casi dovrà essere modificato da un programmatore, per diventare "A norma" con le normative italiane.

Motivo 3:

Ammesso che tu abbia risolto i primi due problemi, ce n'è un terzo molto più grosso da risolvere. Il 99% dei servizi di hosting limitano fortemente l'invio di grandi quantità di email, proprio a motivo del dilagare di spammer che utilizzano script di questo genere per inviare posta indesiderata.

Questo limite si identifica in “Blocchi” sul server, che NON permettono l’invio di email oltre un certo numero ogni ora (in genere 200 email ogni ora). Non soffermandomi troppo sulla parte tecnica della cosa, il risultato è il seguente: se installi uno script autoresponder sul tuo spazio web e invii le tue newsletter a 500-1000 iscritti, solo i primi 200 le riceveranno poi il server bloccherà automaticamente l’invio.

Se la cosa si ripete nella newsletter successiva, con molta probabilità il tuo account verrà sospeso per violazione delle policy, e il tuo fornitore di hosting ti contatterà notificandoti la sospensione (con relativo oscuramento di tutti i tuoi siti), e chiedendoti informazioni sulle modalità di raccolta indirizzi email in riferimento all’ottemperanza alle normative sulla privacy e normative antispam.

Questo problema è bypassabile solo acquistando un hosting basato su server dedicato (ai quali non vengono applicati blocchi di questo genere) e con certe caratteristiche tecniche particolari necessarie a supportare il carico elevato durante l'invio delle email a liste superiori al migliaio (processore e ram dedicata di alemo 2 Gygabyte), ma in questo caso parliamo di costi quasi mai inferiori ai 120-140€ mensili.

Morale della favola: se vuoi un autorisponditore fai da te, devi investire 120-140€ mensili, e risolvere i problemi citati, non ne vale la pena rispetto a investire 15-20€ al mese per un servizio di Autorisponditore Professionale. Altrimenti, la soluzione fai da te basata su script installabili su server di tipo condiviso o standard, diventa utilizzabile solo per liste di pochi utenti, non oltre i 200 nominativi. Quando la tua lista crescerà dovrai per forza di cose affidarti a un servizio professionale.

Ho scritto una guida che tratta questo tema in maniera più approfondita, la puoi scaricare direttamente dalla home page del sito ufficiale http://www.autorisponditoriprofessionali.com.

Lascio che sia tu a prendere la decisione riguardo la scelta dell'autoresponder da utilizzare dopo aver fatto le tue dovute valutazioni, tenendo presente i consigli che ti ho dato.

Tieni presente che alcune caratteristiche da valutare in un servizio di Autoresponder sono di basilare importanza in chiave “marketing”:

1) la possibilità di personalizzare l’indirizzo email del mittente, in modo da dare il tuo brand personale a ogni email inviata ai tuoi iscritti;
2) la possibilità di programmare in anticipo l’orario preciso di invio automatico delle email, molto utile nel web marketing in occasioni di offerte OTO, lanci ufficiali di nuovi prodotti, o eventi particolari;
3) le pagine personalizzate: la possibilità di impostare redirect automatici verso pagine web personalizzate ed esterne, durante il processo di iscrizione e conferma.

Se **Aweber** fa al caso tuo, sicuramente è un’ottima scelta dato che parliamo del Leader oltreoceano per quanto riguarda il servizio Autoresponder. Se invece cerchi un servizio analogo, con pannello di gestione e supporto clienti completamente in Italiano, e costi più ragionevoli, non posso che invitarti a provare il mio servizio visitando il sito ufficiale:

http://www.autorisponditoriprofessionali.com

Avrai a tua disposizione un pannello di controllo ricco di funzioni avanzate e completamente in italiano, pronto a soddisfare qualsiasi tua esigenza, e pronto a supportare fedelmente il tuo business!

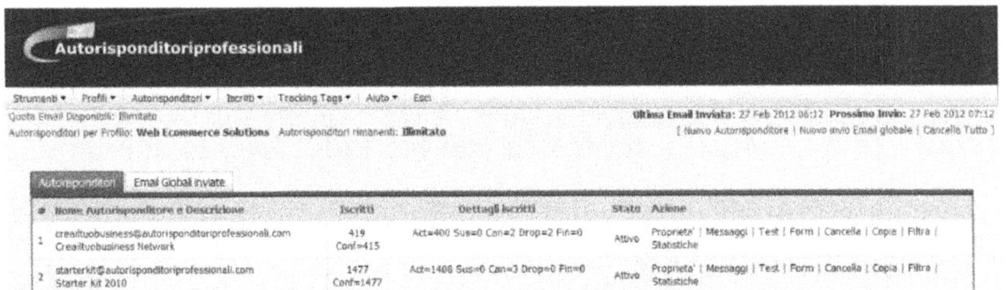

Una volta che avrai scelto un autoresponder, dovrai impostarlo e aggiungerci alcuni messaggi. **Cosa puoi scrivere per attirare l'attenzione della gente?** Innanzitutto tieni presente un aspetto fondamentale:

SEGRETO n. 2: Il modo migliore per generare delle vendite è quello di non chiedere soldi.

Inizia quindi con questo metodo: spiega al visitatore del tuo minisito **chi sei e qual è il tuo business, incoraggia le persone a iscriversi gratuitamente alla tua mailing list** per ricevere molti omaggi e risorse gratuite. Specifica chiaramente che iscrivendosi riceveranno **omaggi e risorse gratuite**, magari per un anno intero!

Ora, mentre le persone sicuramente avranno un buon motivo per iscriversi, tu devi creare un **sistema automatizzato di invio email** che mantenga la promessa che hai fatto. Quello che farai è creare messaggi all'interno del tuo autorisponditore che includano i link per il download degli omaggi, creando un messaggio programmato con invio mensile per 12 mesi, ognuno con il link per il download di un omaggio diverso.

Nell'ultimo messaggio dovrai invogliare l'iscritto a mantenere la sua iscrizione attiva per non perdere le novità: ulteriori OMAGGI e corsi dal valore commerciale estremamente alto. Quindi: **un messaggio ogni mese per 12 mesi**. Bene, ora *tra un messaggio e l'altro inserirai anche un minicorso o un ebook in regalo*, oppure un interessante articolo da inviare ai tuoi iscritti. Inserisci questo tra ognuno dei dodici messaggi preparati in precedenza, così a lavoro ultimato avrai creato un messaggio ogni quindici giorni, contenente delle risorse completamente gratuite.

Questo è ciò che piace alla gente! Questo è ciò che ti permetterà di creare una tua immagine e ti aiuterà a creare un rapporto con i tuoi iscritti. Facendo questo crei un servizio di qualità, offri consigli di esperti, fai crescere la tua lista e instauri un buon rapporto con i tuoi iscritti, tutto allo stesso tempo. Questa è la strategia ideale per non "tartassare" i tuoi iscritti con troppi messaggi e prevenire la loro cancellazione.

La *fase iniziale* per costruire la tua lista di iscritti è in realtà *molto delicata*, in quanto se li perdi subito non li recupererai mai più e perderai anche la preziosa iscrizione di tutti coloro ai quali avranno parlato male del tuo servizio, magari dicendo che "intasi" la loro casella di posta con troppi messaggi. Naturalmente devi sempre *lavorare alla ricerca di nuovi ebook o risorse gratuite correlate al tuo business*, da offrire nel tempo alla tua lista.

SEGRETO n. 3: È molto importante creare un solido legame con i tuoi iscritti, perché ti permetterà di guadagnare e mantenere la loro fiducia e quindi proporre loro il tuo business nel tempo.

Sarà solo questa *fiducia* che farà sì che i tuoi iscritti compreranno da te piuttosto che dai tuoi concorrenti. Ora ti chiederai: **come faccio a far iscrivere altre persone alla mia mailing list?** Devi dedicare una pagina web del tuo sito, o meglio ancora creare una "squeeze page", ossia una pagina web che ha l'unico compito di catturare gli indirizzi email dei visitatori. Perciò deve essere progettata in modo da far capire ai visitatori che si trovano davanti a due sole possibilità:

Possibilità 1: iscriversi alla tua mailing list.
Possibilità 2: chiudere e abbandonare la tua pagina.

È importante evidenziare questa condizione senza inserire altre possibilità di distrazione, come altri banner pubblicitari, link oppure scappatoie verso altre pagine web. La pagina web per la raccolta delle iscrizioni può anche essere inserita nella home page del tuo sito proprio per attirare l'attenzione dei visitatori.

Ovviamente, la squeeze page è un buon strumento di marketing per focalizzare l'attenzione del visitatore verso l'obiettivo target, ossia l'iscrizione alla tua newsletter; ma come tutti gli strumenti e le tecniche di marketing efficaci, non bisogna *mai* farne uno standard di utilizzo, un utilizzo eccessivo. Se i visitatori dei tuoi siti si ritroveranno sempre pagine "spremi nomi" in ogni occasione, ne potrebbero essere infastiditi e di conseguenza l'interesse si rivolgerebbe verso qualche altro prodotto o business concorrente.

Se decidi di non usare la pagina principale del tuo sito internet come pagina per la raccolta delle iscrizioni, assicurati di inserire un link ben visibile sulla tua home page, che sia collegato al box di iscrizione. Se poi decidi di operare nel business attraverso i minisiti, puoi decidere di creane uno dedicato esclusivamente alla raccolta delle iscrizioni (quello che abbiamo chiamato "squeeze page").

Come dovrebbe presentarsi il modulo di iscrizione alla tua mailing list? Innanzitutto deve dare ai visitatori motivi validi per cui valga la pena iscriversi subito! Deve spingere il visitatore a non perdere tempo, a iscriversi; per far questo deve suscitare un senso di soddisfazione a chi lo sta consultando. Se il modulo soddisfa quanto appena elencato avrai il 90% di probabilità che ogni visitatore si iscriva alla tua lista di distribuzione. Ecco un esempio, tanto per darti un'idea, di come un box per l'iscrizione possa stimolare l'interessamento di un visitatore.

TANTO PER INIZIARE.. 1 ANNO DI STRUMENTI GRATIS PER TE..!!

Vuoi ricevere tanti aggiornamenti,consigli ed informazioni riguardanti le novità e le nuove strategie per il tuo business online...??

Vuoi ricevere ogni mese tanti piccoli software ed applicazioni che miglioreranno notevolmente il tuo sistema di vendite online..??

Desideri che tutto questo sia GRATUITO ??

ECCOTI ACCONTENTATO..!!

Iscriviti gratuitamente e riceverai tutto questo periodicamente ed eslusivamente GRATIS solo per te e per tutti coloro che si iscriveranno..!!

AFFRETTATI...SONO RIMASTE POCHE ISCRIZIONI DISPONIBILI..!!

Nome:

Indirizzo E-Mail :

Invia Reset

Altra cosa estremamente importante per quanto riguarda il Box di iscrizione, è quella di inserire chiaramente una nota di riferimento al trattamento dei dati personali dell'iscritto.

Nome

Indirizzo E-mail

Scarica Gratis il Video

NO SPAM: I tuoi dati sono al sicuro non saranno ceduti ad altre persone.

Questo è di fondamentale importanza perché oltre a stimolare l'interesse, il box di iscrizione deve anche svolgere una funzione particolare: **rassicurare.**

Le tecnologie web avanzano velocemente, e con esse purtroppo anche il fenomeno dello spam. Una buona percentuale di coloro che navigano in rete, ha ancora timore di inserire il proprio nome e indirizzo email in un box di iscrizione, timore che i propri dati vengano resi pubblici o condivisi con altri, il timore di ricevere una gran quantità di posta indesiderata senza possibilità di fermare tale spiacevole evento.

Spiega quindi chiaramente in due righe che non tratterai i dati dell'iscritto in maniera inadeguata, e dai valore a tale promessa utilizzando possibilmente servizi di Autorisponditori Professionali. L'utilizzo di questi servizi, sono sinonimo di garanzia per un iscritto, perché la gestione dei dati viene controllata e limitata secondo le normative dal servizio stesso.

Ricordati sempre che il tuo scopo principale, in qualsiasi attività di marketing che compi, deve essere mirato alla crescita della tua mailing list. Quindi evidenzia sempre le risorse gratuite che offri a chi si iscriverà.

Poniti queste domande e rispondi a ognuna di esse:

- Come sembra il minicorso o l'ebook che hai inserito come omaggio nei messaggi?
- Credi che i tuoi visitatori lo troveranno utile?
- Credi di riuscire a creare un programma o servizio che i visitatori possano utilizzare o trovare utile?
- Che ne dici di inserire uno o più audiocorsi gratuiti?

Questo potrebbe essere utile se sei a corto di idee. Potresti anche inviare periodicamente articoli utili, inerenti al tuo business, ai tuoi iscritti. Se hai bisogno di articoli sempre nuovi e pronti da postare, una risorsa gratuita adatta a quest'esigenza la trovi al sito www.articolista.com. Oppure potresti ricercare sul web dei software gratuiti che facilitino il lavoro di chi naviga in internet e poi postare ai tuoi iscritti i relativi link per il download; le idee sono tante e sicuramente saprai sfruttarle a dovere!

Ma ricordati di intrattenere periodicamente i tuoi iscritti con dei contenuti e materiali interessanti, altrimenti decideranno di abbandonare l'iscrizione. Internet è pieno di risorse gratuite da distribuire, basta dedicare un po' di tempo alla ricerca "mirata" e in un attimo avrai un "bagaglio" di materiale da distribuire, che ti permetterà di gestire la tua lista per molto tempo e intanto dedicarti ad altri progetti che riguardano il tuo business.

Altro aspetto fondamentale al fine di accrescere la lista degli iscritti è quello di partecipare ai **forum di discussione**. Perché è importante partecipare ai forum di discussione? Semplice: perché potrai instaurare un buon rapporto con altri visitatori del forum che potrebbero diventare tutti TUOI ISCRITTI.

Come raggiungere quest'obiettivo? Inserendo per esempio come tua firma il link che porta alla pagina di iscrizione della tua mailing list. Renditi conto che la TUA firma verrà aggiunta ad ogni messaggio del forum! **Non puoi neanche immaginare che enorme ritorno pubblicitario avrai verso la tua mailing list.**

Quindi tieni presente questi aspetti in qualsiasi momento ti capiterà di "vedere" un forum, un post o un articolo interessanti;

leggili e studiali, approfondisci l'argomento. Renditi in grado di dare una risposta soddisfacente, guadagnati il rispetto e la stima dei partecipanti al forum e non dimenticarti di inserire la *firma magica*. Postare nei forum, rispondere alle domande degli altri ed essere coinvolti in una discussione online, ti permette di ottenere molto traffico e di **farti conoscere da un determinato pubblico**.

Oltre a ciò, **i motori di ricerca amano i forum di discussione**, soprattutto quelli molto popolari e trafficati. Basta anche postare un solo messaggio con un link al tuo sito o alla pagina di iscrizione alla tua mailing list incluso nella tua firma, per ritrovarti indicizzato nei motori di ricerca. Fa' in modo che **ogni tuo link porti a una tua pagina per la raccolta delle iscrizioni** e **non a una pagina qualunque** del tuo sito (es.: home page, pagina di vendita di un prodotto ecc.).

Questo perché un visitatore acquista alla settima visita o contatto e quasi mai alla prima. Dunque, invece di indirizzare i tuoi visitatori su una qualsiasi pagina web che venda loro un tuo prodotto (poi rischi di non rivederli mai più), è decisamente meglio *indirizzarli su una pagina di iscrizione* per ottenere la loro email e contattarli in futuro per dare ulteriori informazioni circa i tuoi prodotti e le tue offerte speciali. Solo *in un secondo momento dovrai convincerli all'acquisto*. In questo modo potrai "spremere" più contatti e quindi più iscrizioni possibili.

SEGRETO n. 4: Partecipando ai forum di discussione puoi pubblicizzare il tuo marketing e fidelizzare una lista di tuoi futuri iscritti.

Vuoi mantenere ricca e attiva la tua lista di distribuzione? Certo che vuoi, anzi, DEVI farlo! Perché se hai una mailing list non vuol dire che farai soldi. Devi creare una **fedele** mailing list, se vuoi guadagnare. L'unico modo per creare una lista di questo tipo è quello di **creare un legame con i tuoi iscritti**. Fare questo è più semplice di quanto tu possa pensare: inserisci nella tua sequenza qualche messaggio in cui parli di te e descrivi in che cosa consiste il tuo lavoro e quali sforzi stai facendo per rendere disponibili risorse utili; alla gente fa piacere conoscere e sapere con chi ha a che fare. Questo va solo a tuo vantaggio, perché aumenterai la credibilità della tua immagine. **Ricorda sempre questa nozione base:**

SEGRETO n. 5: Se attraverso la tua mailing list dai... prima o poi sicuramente riceverai.

In poche parole significa che se gli iscritti alla tua mailing list ti vedono come un amico e come una sorgente di informazioni e risorse gratuite, quando vorrai promuovere oppure offrire loro un prodotto, potrai star certo che apriranno la tua email ed eventualmente acquisteranno, perché ormai hanno fiducia in te e nel tuo lavoro, in quanto hai fatto molto per procurare loro costantemente risorse e informazioni utili.

Applica queste strategie e vedrai come la tua mailing list si "riempirà" di iscritti in poco tempo e potenzierà notevolmente il tuo business, permettendoti di generare vendite ogni volta che vuoi, creando di per sé un flusso di guadagno costante.

Ti ho parlato di come sfruttare la "Lista" per aumentare la tua popolarità e dare un forte "Brand" alla tua immagine professionale. In realtà la tecnica dell'Email Marketing, è un aspetto "Chiave" del business online molto più complesso e da approfondire sicuramente.

Non a caso, durante questi anni di attività ed esperienza ho redatto un corso specifico sull'argomentazione "Email Marketing", quindi nel caso tu voglia approfondire e apprendere nozioni aggiuntive riguardo la tecnica dell'email marketing, ti invito a visitare il sito Web:

http://www.corsoemailmarketing.com

RIEPILOGO DEL GIORNO 4:

- SEGRETO n. 1: La mailing list è l'obiettivo più importante a cui devi mirare per rendere il tuo business un business di successo.
- SEGRETO n. 2: Il modo migliore per generare vendite è quello di non chiedere soldi.
- SEGRETO n. 3: È molto importante creare un solido legame con i tuoi iscritti, perché ti permetterà di guadagnare e mantenere la loro fiducia e quindi proporre loro il tuo business nel tempo.
- SEGRETO n. 4: Partecipando ai forum di discussione puoi pubblicizzare il tuo marketing e fidelizzare una lista di tuoi futuri iscritti.
- SEGRETO n. 5: Se attraverso la tua mailing list dai… prima o poi sicuramente riceverai.

GIORNO 5:
Come creare e vendere il tuo prodotto

Siamo arrivati a una sezione particolarmente interessante che ti permetterà di creare un tuo prodotto partendo da zero! Fino a ora ti ho parlato di affiliazioni e di come imparare a vendere prodotti di altri, cioè dei tuoi affilianti. Hai ben compreso che devi impostare il tuo business promuovendo prodotti o servizi di vario genere appartenenti a società con cui hai deciso di collaborare come “affiliato”, che devi farlo attraverso un tuo sito web, dei minisiti e lettere di vendita “mirate”, nonché attraverso un blog ben impostato.

Ma **hai mai pensato di creare un tuo prodotto e poi venderlo attraverso internet?** Se fossi stato tu l’autore di questo ebook al mio posto? Impossibile? E perché? Se sai scrivere attraverso la tastiera del tuo computer, basta aprire un documento Word e iniziare. Scrivere un ebook è una cosa che chiunque può fare. Sei esperto di musica? Potresti scrivere dei *manuali* che riguardano la musica. Potresti *comporre la tua musica* e venderla attraverso internet.

Sei esperto di computer? Potresti scrivere dei manuali che riguardano i software, l'hardware, *manuali* che spiegano come assemblare un pc partendo da zero, manuali per sfruttare caratteristiche particolari di alcuni software, potresti addirittura *creare tu stesso* dei piccoli software o applicazioni e venderli.

Non sei esperto di computer o di musica ma ti piace lo sport? Bene, prendi spunto da ciò che ti piace e realizza delle *guide pratiche*, che possano essere utili per chi ha le tue stesse preferenze. Potrei andare avanti a lungo e scrivere ancora dieci pagine di esempi pratici, ma non ce n'è bisogno. Ognuno di noi è particolarmente interessato a qualcosa e ha delle conoscenze a riguardo maggiori di altri; certamente anche tu appartieni a questa categoria di persone.

Quindi individua subito il "settore" che ti interessa particolarmente e usa le tue conoscenze in merito per scrivere i tuoi ebook. Non hai nessuna particolare conoscenza da sfruttare?

Nessun problema, attraverso internet puoi conoscere e diventare esperto di ciò che vuoi, basta dedicare il tempo che usi per navigare in internet alla ricerca di ciò che ti piacerebbe conoscere in modo particolare. Prendi me come esempio: ho sempre creduto nelle potenzialità di internet come strumento per guadagnare da casa attraverso gli strumenti del Web 2.0. Ero un esperto al riguardo? Assolutamente no!

Ho impiegato più di tre anni per diventarlo, smettendo di "girovagare" in rete senza un obiettivo, ma utilizzando internet solo ed esclusivamente per accrescere le mie conoscenze su quello che mi interessava. Certo, nel mio caso è un po' diverso, proprio perché l'argomento "internet per guadagnare" è vastissimo e soprattutto ricco di "false verità". Quindi mi ci è voluto moltissimo tempo per "vagliare" ed "estrarre" ciò che realmente poteva essere utile per me e per gli altri.

Ma **potersi "autoistruire" attraverso il web** su argomenti meno vasti e complessi – e non per questo meno importanti – richiede molto meno tempo e sforzi. Puoi farlo senza problemi anche tu se ne hai bisogno! Se poi ti piace particolarmente scrivere, potresti prendere in considerazione il fatto di scrivere un libro. Già, sempre in modo semplice, attraverso la tua tastiera e il documento Word aperto!

SEGRETO n. 1: Grazie al Web 2.0 puoi pubblicare i tuoi libri e i tuoi ebook attraverso un vero e proprio editore a costo zero.

Lo so che ti ho stupito con quest'affermazione e lo farò ancora di più ora: attraverso questo editore puoi infatti **vendere tutti i tuoi libri e i tuoi ebook sempre a costo zero**. Sei emozionato all'idea di poterlo fare? Bene, allora presta particolarmente attenzione perché ti spiegherò come procedere. Dopo che avrai capito quali "straordinarie" opportunità ti offre internet in questo campo, io sono convinto al 200% che vorrai subito diventare "autore" iniziando a scrivere i tuoi ebook. Ma andiamo per ordine.

Il fatto di affidare a un editore un proprio ebook, o comunque un proprio libro, si è sempre presentato come un grosso problema, a partire dai costi altissimi e dalla poca disponibilità e flessibilità da parte delle case editrici nel valutare prodotti di persone appartenenti alla fascia della cosiddetta “gente comune”. L’unico modo per risolvere questo problema è infatti quello di sborsare dai 1500 ai 2500 € di costi minimi di produzione, per affidare la propria “creazione” a una piccola casa editrice, che accetti anche prodotti di “gente comune”, e sperare di recuperare il prima possibile la cifra investita con le vendite.

Un problema del genere “tronca” ogni tuo progetto sul nascere! Sì, perché tu che vuoi guadagnare attraverso internet lavorando da casa, non ti sogneresti mai e poi mai di sborsare una cifra del genere per un prodotto che non ti può dare la certezza di un futuro guadagno.

Ma grazie al moderno Web 2.0 e grazie al sottoscritto che ti sta fornendo le giuste strategie, **anche tu puoi senza alcun problema pubblicare il tuo ebook attraverso un vero editore a COSTO ZERO!** Senza tirare fuori neanche 1 €! Mi è bastato infatti (Google alla mano) dedicare una giornata alla ricerca “mirata” di valide fonti utili a pubblicare ed editare i propri prodotti, per trovare e poi testare qualcosa di veramente eccezionale. Per capire grossomodo di cosa sto parlando guarda l'immagine qui sotto e poi visita il sito www.lulu.com.

Lulu è uno dei più straordinari servizi di "**print on demand**" ovvero "stampa su richiesta" creati negli ultimi anni. Lulu è un vero e proprio editore web che ti dà la possibilità di pubblicare e vendere con facilità in pochi minuti. Non solo, ma dà la possibilità a chi acquista il tuo prodotto di richiederne la stampa.

Tu non devi sostenere alcun costo! Puoi pubblicare e vendere i tuoi libri o ebook, i tuoi audiocorsi o videocorsi su DVD, puoi pubblicare e vendere la tua musica, fotografie artistiche che hai scattato, calendari, cd e DVD. Lulu è straordinario!

Per usufruire dei servizi offerti da Lulu basta sottoscrivere un account gratuito mediante iscrizione e seguire la procedura guidata. Attraverso il tuo pannello di controllo potrai sfruttare il servizio offerto che ti permetterà di *monitorare* completamente tutte le attività, incluse quelle di vendita, *promuovere* e *aggiungere* nuovi progetti e *revisionare* quelli esistenti e già pubblicati.

Il ricco pannello di controllo ti permetterà di monitorare nonché svolgere ogni lavoro con estrema semplicità, compreso l'upload dei tuoi file in pochi istanti.

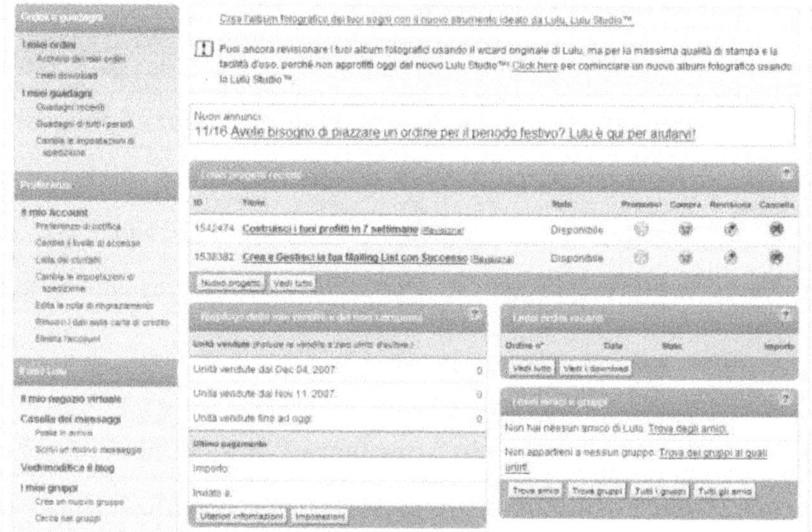

Stampare delle copie personalizzate dei tuoi progetti e ottimizzare la promozione e la vendita di tutte le tue creazioni con servizi aggiuntivi gratuiti e non, sono solo alcune delle possibilità che ti offre il servizio di Lulu, dandoti anche la scelta del tipo di copertina o cover da utilizzare per la stampa.

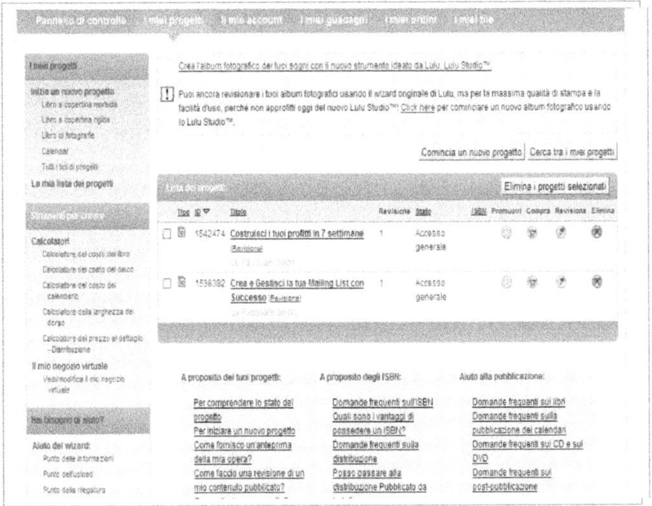

Sarà possibile anche applicare un codice ISBN ai tuoi libri o ebook, che ti permetterà di catalogare le tue opere nell'archivio consultato da tutte le biblioteche del mondo per la ricerca dei libri, in base all'argomento o al soggetto.

In questo modo **il tuo ebook potrà essere conosciuto e consultato in tutto il mondo**! Tu manterrai i diritti d'autore e potrai liberamente stabilire il prezzo di ogni tuo prodotto. Non hai limiti, potrai iniziare a pubblicare e vendere tutti i tuoi prodotti, sia che si tratti di libri, ebook, album fotografici, calendari, cd e DVD, **senza sostenere alcun costo minimo di produzione**.

Incredibile ma vero!

Ma non solo, oltre a tutto ciò, Lulu ti mette a disposizione, senza farti sborsare mezzo centesimo di euro, un vero e proprio **sistema di ecommerce online con "tanto" di vetrina virtuale**, che potrai personalizzare in base alle tue esigenze e preferenze, tramite il quale chiunque potrà acquistare il tuo prodotto, richiederne la stampa o il download digitale.

Un "negozio online" a tutti gli effetti, subito pronto per operare a favore del tuo business. La vetrina virtuale offerta è naturalmente personalizzabile in base ai tuoi gusti grafici ed esigenze di layout.

Ogni singolo tuo prodotto sarà automaticamente indicizzato sui motori di ricerca e reso disponibile a milioni di persone.

Ciò che ti ho mostrato è semplicemente straordinario, perché attraverso questo strumento potrai diventare un vero e proprio "autore professionale", creando tuoi prodotti e valorizzandoli agli occhi del mondo intero, anche se fai parte della categoria "gente comune" e non sei famoso. Tutto questo supportato da un potente e completo sistema di ecommerce affiancato da spazio web e negozio online subito funzionante e, lo ripeto ancora una volta, tutto a **COSTO ZERO**!

Ma non è finita: Lulu ti mette a disposizione anche un **archivio di immagini, fotografie e illustrazioni protetti da licenza**, che potrai utilizzare per abbellire le tue opere **senza sostenere alcun costo**! Sì, ogni volta che un tuo articolo contenente un'immagine protetta da licenza verrà venduto, Lulu *addebiterà automaticamente a chi avrà acquistato il tuo prodotto la commissione per l'utilizzo dell'immagine* stessa.

Capisci l'importanza e l'enorme supporto di questo servizio? Potrai utilizzare qualunque immagine professionale coperta da licenza d'uso senza alcun costo. Lulu ti mette a disposizione tutto ciò di cui ha bisogno per iniziare subito a creare prodotti di un certo valore, con l'aiuto dell'archivio immagini. Inoltre potrai creare la copertina per il tuo prodotto servendoti della grafica messa a disposizione da Lulu, oppure facendo l'upload della tua grafica personale, con immagini da te realizzate.

Quanto guadagnerai? Lo deciderai tu, il tuo impegno, la tua motivazione e i tuoi obiettivi! Crei un tuo ebook o libro, imposti il tuo guadagno e Lulu automaticamente aggiunge il costo di stampa (che non ricaverà da te ma da colui che acquisterà il tuo prodotto) e la sua commissione del 20% al prezzo di vendita. **Tu guadagni l'80%.** Ma il 20% di commissione come editore, Lulu lo richiede solamente sul venduto, senza soglie minime o minimi d'ordine. Eccezionale!

Ti faccio un esempio di procedura:

- Crei un nuovo ebook o libro.
- Imposti il tuo guadagno a 100 €.
- Lulu ti dice che i costi di stampa sono di 10 €.
- Lulu imposta automaticamente il prezzo di vendita a 130 €.

- Pubblichi il tuo ebook e lo vendi attraverso la tua vetrina virtuale.
- Qualcuno acquista il tuo ebook e tu intaschi 100 €.
- Lulu guadagna i suoi 20 € di commissione e coprirà il costo di stampa di 10 €.

E **tu stesso potrai comprarlo facendolo stampare a un prezzo scontato riservato all'autore**, già perché l'autore sei TU!!

Ora non dirmi che attraverso queste straordinarie strategie non ti è venuta voglia di metterti subito al lavoro per scrivere un ebook! Tutto questo è a tua disposizione, pronto per essere utilizzato per crearti un business e per iniziare a guadagnare lavorando da casa in piena autonomia. E questo sia che tu voglia pubblicare un libro, un ebook, un cd di musica, un DVD, un calendario o qualsiasi altro progetto.

Ti ho emozionato non è vero? Se è così ne sono contento, perché ho dedicato tempo e investito denaro proprio per poter raccogliere "il meglio" e poterlo mettere a disposizione di tutti coloro che desiderano raggiungere l'indipendenza finanziaria o comunque migliorare la loro "situazione" economica.

Ma Lulu non è l'unico servizio D.O.C attualmente disponibile. Infatti puoi decidere di affidarti anche ad una società che offre un servizio analogo chiamato "Boopen".

Boopen è una vera e propria casa editrice che ti permette di pubblicare gratuitamente la tua opera personale tra cui romanzi, racconti, diari, libri, favole per bambini, fumetti, ricette e calendari oltre che a richiederne la stampa.

Boopen si preoccupa anche di tutelare legalmente le tue opere assistendoti in caso qualcuno vìoli i tuoi diritti d'autore, nonché di interagire con altre case editrici al fine di ottimizzare la promozione e la vendita del tuo prodotto. Quindi puoi benissimo utilizzare anche questo strumento gratuito di "editoria web" e anche in questo caso farlo è davvero semplice e intuitivo.

C'è un aspetto importantissimo che devi tenere ben presente prima di cominciare a pubblicare le tue opere: **per potere usufruire dei servizi offerti da Lulu e Boopen è necessario che le opere da te create rispettino i seguenti parametri**:

- devono essere originali e appartenere all'autore;
- devono essere nella legittima disponibilità dell'autore;

- non devono presentare un contenuto contrario a norme imperative;
- non devono violare segni distintivi, diritti di proprietà intellettuale, industriale, di immagine (o altro), il diritto di terzi, derivante dalle norme giuridiche vigenti, dalle consuetudini, dagli usi;
- non devono presentare forme e/o contenuti di carattere pedo-pornografico, pornografico, osceno, blasfemo, diffamatorio, ovvero, più in generale contenuto vietato dalla legislazione vigente.

Ma gli editori online professionali non sono solamente Lulu e Boopen. **Autostima.net ti permette di pubblicare il tuo ebook e gestisce completamente la vendita del tuo prodotto!** Sto parlando di una società leader nel settore di ebook e libri che *riguardano la crescita personale, professionale e finanziaria*.

Autostima.net e Bruno Editore, ha avuto in questi ultimi anni una crescita impressionante, sia in termini di fatturato che di popolarità e professionalità. Se provi a dare uno sguardo al catalogo prodotti sul sito ufficiale http://www.autostima.net ti accorgerai subito della grande varietà di argomentazioni disponibili e della vastità del catalogo stesso.

Per renderti conto di cosa sto parlando visita il sito di Autostima.net. Oltre a fornirti degli omaggi che ti saranno utili per capire molti aspetti inerenti al marketing online e a offrirti un programma di affiliazione a costo zero, Autostima ti dà la possibilità di diventare autore e di pubblicare il tuo ebook.

Autostima.net ha dato la possibilità a centinaia di persone di diventare autori e di vedere realizzato un vero e proprio progetto editoriale che porterà soldi in maniera costante nelle tasche dell'autore.

Quale grande vantaggio hai se scrivi un ebook e Autostima.net decide di pubblicarlo? Beh, in questo caso hai il grande vantaggio che dopo aver pubblicato il tuo ebook, Autostima.net lo inserirà nel proprio **circuito di vendita** e "innescherà" un sistema pubblicitario automatizzato grazie alla propria Newsletter che conta attualmente più di 200.000 iscritti e soprattutto potrai contare su un vero e proprio "arsenale" di "rappresentanti e procacciatori di vendite" online grazie agli **oltre 4.000 affiliati che rivenderanno il tuo ebook** (e considera che i numeri sono in continua crescita…).

Tutto ciò è una GARANZIA per tutti i clienti ai quali vengono offerti:

- solo ebook originali e di alta qualità;
- solo ebook 100% pratici;
- solo ebook di almeno 150 pagine o anche meno in base alle

esigenze dell'editore;

- solo ebook tutti in italiano;
- solo ebook con aggiornamenti gratuiti a vita;
- solo ebook con download immediato.

Tutto ciò è una GARANZIA per te autore al quale viene offerto:

- MASSIMA TRASPARENZA: pannello di controllo in tempo reale;
- MASSIMA DIFFUSIONE: pubblicità nel catalogo di Autostima.net (oltre 500.000 visite/mese);
- MASSIMA PUBBLICITÀ: pubblicità sulla Newsletter di Giacomo Bruno (oltre 200.000 iscritti);
- MASSIMA VENDIBILITÀ: oltre 3.188 affiliati che rivendono il tuo ebook;
- MASSIMA SERENITÀ: Autostima.net gestisce vendite, fatture, assistenza: tu non devi pensare a nulla;
- MASSIMA COLLABORAZIONE: lo staff al completo lavora per te e per il tuo ebook;
- MASSIMO GUADAGNO: 15% di diritto d'autore su TUTTE le vendite

Infatti Autostima.net affida la propria campagna pubblicitaria e la vendita dei propri prodotti – tra l'altro richiestissimi perché giudicati come "altamente professionali" – al proprio programma di affiliazione, che può vantare di essere il numero uno in Italia in questo settore. Avrai oltre 4.000 persone che rivenderanno il tuo ebook e ti daranno la possibilità di guadagnare ogni giorno.

In questo caso, **oltre a garantirti grosse probabilità di vendita** già dai primi giorni di lancio del tuo ebook, Autostima.net ti **garantirà un guadagno come "diritti d'autore" del 15%** sul prezzo di vendita. Ma non solo, affiliandoti gratuitamente ad Autostima.net potrai anche tu promuovere e vendere il tuo ebook attraverso il tuo sito web e/o minisito e così guadagnare un **ulteriore 30% sulle vendite da te generate**. Quindi in **totale puoi contare sul 45%** di guadagno di cui il 30% lo puoi ottenere anche senza muovere un dito… perché sarà il sistema di vendita e affiliazione di Autostima.net a garantirtelo, senza contare sul tuo lavoro! **Autostima.net gestirà totalmente le vendite e le fatturazioni**: non devi pensare a nulla.

Pensano a tutto loro. *Tu consegni l'ebook*, loro lo inseriranno in catalogo e si prenderanno cura anche dell'assistenza clienti. Tu *non devi fare più nulla*. Avrai a disposizione un pannello di controllo IN TEMPO REALE da cui monitorare i click, gli ordini effettuati, le commissioni e i pagamenti; questo sia come affiliato per monitorare eventuali clienti che porti, sia come autore per monitorare tutte le vendite del tuo ebook.

Ma il tuo vero e proprio lavoro sta nel creare un prodotto che può destare l'interesse degli editori di Autostima.net, il tuo ebook infatti dovrà soddisfare dei requisiti:

Lunghezza: almeno 150/200 pagine. Non vengono pubblicati ebook da 20 pagine; vogliono un lavoro serio e ben fatto. Almeno 150/200 pagine in Word (carattere 16 e interlinea 1,5). In base alle esigenze dell'editore possono essere pubblicati anche ebook di un numero inferiore di pagine.

Originalità: niente copiature o violazioni di diritti altrui. Se crei un ebook copiando da internet il contenuto stai violando il diritto d'autore e verrai perseguito per legge. Autostima.net pubblica

solo lavori originali, scritti da te.
Argomento: crescita personale, professionale o finanziaria. Nel dubbio puoi contattarli per chiedere informazioni e ti assicuro che sono tempestivi nel risponderti. Quindi, in questo caso il campo si restringe, ma puoi pubblicare solo prodotti coerenti con l'attività stessa della società; niente romanzi, poesie, fumetti, argomenti medici o terapeutici e niente prodotti eccessivamente di nicchia.

Esempio: *Strategie per superare l'esame di stato degli architetti* non sarà preso in considerazione, mentre *Strategie per superare gli esami* può essere preso in considerazione.

Autostima.net vanta di essere il leader del suo settore: esperienza, professionalità e tanti risultati. Questo vuol dire che *il tuo ebook si venderà bene; tu inizi a guadagnare da subito*! Inoltre il loro sito è ottimizzato, vende bene e il web marketing è un loro punto di forza. Autostima.net conta **12.538 partecipanti** ai suoi corsi e oltre **200.000 iscritti** alla sua newsletter settimanale, oltre **4.000 affiliati** e **2.988.162 visitatori** online dal 2002. Non lasciarti scappare questa opportunità e pianifica un progetto per creare un ebook originale che possa soddisfare le caratteristiche richieste da

Autostima.net.

Pubblicare il tuo ebook con Bruno Editore significa inserirlo sul prestigioso catalogo online e nel catalogo ISBN dei libri in commercio. Significa avere migliaia di affiliati pronti a promuoverlo e ottenere estrema visibilità come Autore.

Gli strumenti messi a tua disposizione sono davvero tanti e tutti di una certa importanza:

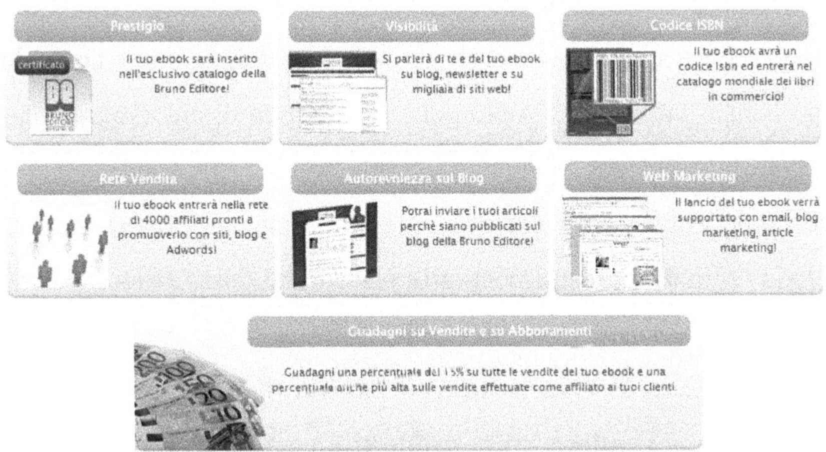

Ora ti faccio una domanda molto “provocatoria”: immagina il risultato che potresti ottenere nel tempo, sia in campo economico che professionale, se ti impegnassi a realizzare uno o due ebook ogni anno e a chiederne la pubblicazione alla Bruno Editore?

Per avere un'idea di quella che potrebbe essere la risposta, riguarda l'immagine della pagina precedente, e moltiplica il tutto in maniera costante per gli anni a venire, per di più tutto in maniera automatica dato che lo staff della Bruno Editore si occupa del marketing e delle vendite dei tuoi Ebook.

Penso proprio che a questo punto avrai deciso che scriverai il tuo primo ebook entro poche ore, vero? Le idee sono tante, e anche le più banali (ricordi l'esempio delle ricette iperproteiche?) possono portare a ottenere risultati davvero soddisfacenti e guadagni costanti. Voglio ora spiegarti come strutturare un tuo progetto in modo ottimale e gli strumenti utili per poterlo fare.

SEGRETO n. 2: Grazie al Web 2.0 hai diverse possibilità di pubblicare e vendere i tuoi prodotti a costo zero e con grandi potenzialità di guadagno.

Perché e come creare un ebook

Un ebook ha la caratteristica di non dover essere spedito al tuo acquirente, come invece accade nel caso di un libro cartaceo. Questo è un vantaggio, perché ti permette non solo di evitare inutili spese di spedizione, che andrebbero a influire sul ricavo effettivo che otterresti, ma anche di "soddisfare" pienamente una caratteristica sempre più richiesta oggi da chiunque acquisti qualche cosa attraverso internet: ricevere subito ciò che si è pagato.

Mai come oggi colui che effettua un acquisto online diventa subito dopo "impaziente" fino a quando non riceve l'oggetto. Non sai quanti problemi questo causa a chi decide di vendere attraverso internet:

- lamentele perché le spese di spedizione sono alte…
- lamentele perché l'oggetto non è ancora arrivato al destinatario (e tu non ne hai nessuna colpa)…
- lamentele perché l'oggetto è arrivato in ritardo rispetto ai tempi previsti (e tu non ne hai nessuna colpa)…
- lamentele perché l'oggetto è arrivato, ma "rovinato" durante il trasporto (e tu non ne hai nessuna colpa)…

Senza poi parlare della valanga di messaggi email in cui ti chiedono: «Gentile […], è stato spedito l'oggetto da me acquistato? Quando? Mi fornisce il codice per il tracking online?» Domande legittime, ma che inevitabilmente ti danno del lavoro da fare, perché devi essere tempestivo nella risposta, altrimenti sono guai…

Se crei e poi vendi un ebook questi problemi non li avrai mai, perché un ebook è un prodotto digitale che il tuo acquirente può visualizzare subito dopo aver effettuato il pagamento in maniera completamente automatizzata! Puoi impostare la vendita di uno o più ebook da te creati attraverso il tuo sito, attraverso i minisiti, attraverso la lettera di vendita, ma il risultato è sempre e solo uno: **venderai in modo completamente automatizzato anche mentre sei in vacanza, anche se stai dormendo, anche se ti dedichi ad altro, anche se il tuo computer è spento!**

Nel capitolo riguardante PayPal ti spiegherò come impostare la consegna digitale dei tuoi ebook in maniera completamente automatizzata. Capisci che enorme vantaggio è questo per te e per il tuo business?

SEGRETO n. 3: Scrivere e vendere un ebook significa avviare una vera e propria macchina generatrice di guadagni costanti e automatizzati.

Innanzitutto comincio col dirti che, a parte richieste particolari da parte di editori, la maggior parte degli ebook viene presentata in **formato PDF** (Portable Document Format); ciò significa creare un documento non modificabile e ti dà la possibilità di proteggere il tuo ebook dalla copia e, nel caso tu lo ritenga necessario, anche dalla stampa.

Questo è un enorme vantaggio rispetto a un semplice documento Word, che potrebbe tranquillamente essere copiato e modificato senza alcun problema. Anche perché se presenti a un tuo potenziale acquirente un documento Word, stai pur certo che il ritorno pubblicitario verso di te sarebbe totalmente negativo! Non venderai niente!

Il file PDF rende professionale il tuo lavoro oltre che sicuro. Tutti i file in formato PDF possono essere letti attraverso il software gratuito chiamato Acrobat Reader disponibile sul sito www.abobe.it e ormai preinstallato sulla maggior parte dei computer in commercio. Molti marketer utilizzano anche software specifici che permettono di trasformare i documenti in formato DOC e HTML in file EXE, ovvero file eseguibili, come lo sono i software stessi. Personalmente posso rassicurarti sul fatto che creare i tuoi ebook in formato PDF è la scelta migliore per te.

Mai come oggi, infatti, una buona fetta di quei 300 milioni di "internauti" utilizza **altri sistemi operativi come Linux e Mac** sul proprio computer; soprattutto i *sistemi operativi open source* come Linux, per esempio, stanno prendendo piede più che mai. Il file in formato *PDF è compatibile anche con questi sistemi* operativi alternativi; questo significa che **NON perdi quella "fetta" di potenziali acquirenti** che non potrebbero invece leggere un ebook in formato EXE.

La sicurezza di un file PDF sta anche nel fatto che **non può essere attaccato da virus** come nel caso di altri formati ed è molto più "stabile" rispetto ai file EXE oppure DOC.

Un ebook in formato PDF ti permetterà di impostare un livello di sicurezza altissimo attraverso due password:

- *Password Utente*, che permette di poter leggere il documento stesso solo dopo averla inserita.
- *Password Amministratore*, che ti permette di disabilitare alcune funzioni come il copia-incolla e la stampa di cui parlavo prima.

Il problema principale in realtà sta nello scrivere un ebook che desti l'interesse delle persone.

Molti marketer hanno fallito nel loro obiettivo proprio perché non sono riusciti a creare degli ebook che contenessero **informazioni utili, che la gente cerca e che è disposta a pagare**. Puoi ben capire che il danno è enorme, anche perché scrivere un ebook comporta molto impegno e tempo; non devi impostare un business attraverso ebook che ti portino via molto tempo e risorse, ma che nessuno comprerà.

Per evitare questo errore devi cercare di conoscere gli interessi della gente in modo da creare non solo un prodotto ricco di informazioni, ma un prodotto con informazioni che la gente ritiene preziose, al punto da essere disposta a pagare per averle. Prima di iniziare a scrivere un ebook **dedica un po' di tempo a cercare quello che la gente vuole sapere**; usa internet per farlo. Dopo aver trovato un argomento che possa attirare l'attenzione delle persone, stabilisci un titolo che possa "focalizzare" il contenuto del tuo ebook.

Per esempio *Guadagnare con internet* può dire tutto e niente, mentre *Strategie avanzate per guadagnare con internet* crea un'aspettativa ben diversa e può spingere notevolmente verso l'acquisto del tuo ebook. Stabilito argomento e titolo, apri il documento Word dal tuo computer e procedi con la scrittura impostando la grandezza del **carattere a 16 e l'interlinea** (la distanza tra le righe) **a 1,5**.

Queste impostazioni, infatti, faciliteranno la **lettura del tuo ebook anche su dispositivi mobili come palmari e smartphone** e permetteranno l'aggiunta di note nel caso l'ebook sia stampato in formato cartaceo. *Non avere fretta di terminare l'ebook* ma pazienta fino a quando conterrà abbastanza informazioni che siano di qualità, perché nel 90% dei casi un lavoro terminato di fretta avrà uno scarso risultato e non ti sarà di alcun beneficio economico.

Dopo che avrai ultimato la scrittura, effettua la *revisione accurata* del documento utilizzando lo strumento di correzione di Word che ti segnalerà eventuali errori grammaticali. Questa fase è molto importante perché non potrai effettuare modifiche o correzioni dopo che avrai convertito l'ebook in PDF.

Ok, ora che il tuo ebook è pronto per essere convertito in PDF ti mostrerò **quali servizi e software utilizzare per la conversione**:

1. http://createpdf.adobe.com è un servizio che ti offre Adobe e ti da la possibilità di convertire online e gratuitamente fino a cinque documenti in formato PDF, previa registrazione, che puoi effettuare all'indirizzo http://createpdf.adobe.com. Oltre il limite dei cinque documenti il servizio passa da gratuito a pagamento.
2. http://www.freepdfconvert.com è un ottimo servizio online che ti dà la possibilità di convertire i tuoi file in PDF;

converte anche gli iperlinks del tuo documento. Potrai effettuare un certo numero di conversioni ogni mese, oltre alle quali dovrai acquistare la versione integrale del servizio.

3. Personalmente ho scelto di usare **PDF Creator**, un software che crea in modo molto facile file PDF da qualsiasi programma Windows. Il software viene *visto come una stampante* da tutti i programmi in grado di gestirne una. È sufficiente dunque selezionare PDFCreator come stampante per avere un qualsiasi documento (ad esempio un file *.doc*) convertito in PDF.

Il software consente di scegliere tra i formati PDF 1.2, 1.3 e 1.4. È possibile inserire una password nel documento PDF in modo da non consentire ad altri di aprirlo, oppure si può impostare il programma in modo che chi aprirà il documento PDF **non possa copiare testo e immagini, modificare il documento, modificarne i commenti**. PDFCreator consente anche di incorporare dei *font particolari* utilizzati nel documento, in modo che anche chi non dovesse avere tali font nel proprio PC, potrà visualizzare correttamente il PDF.

Se invece utilizzi la suite d'ufficio Openoffice, per realizzare i tuoi documenti, non hai neppure bisogno di un software di conversione PDF, in quanto la funzione di conversione è già presente in Openoffice.

Sarà sufficiente selezionare dal menu l'opzione "Esporta nel formato PDF"

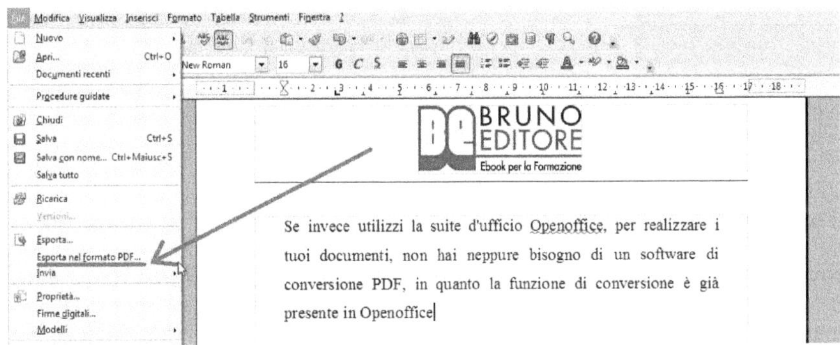

Potrai anche impostare protezioni e password di sicurezza per impedire la copia o la stampa del tuo ebook.

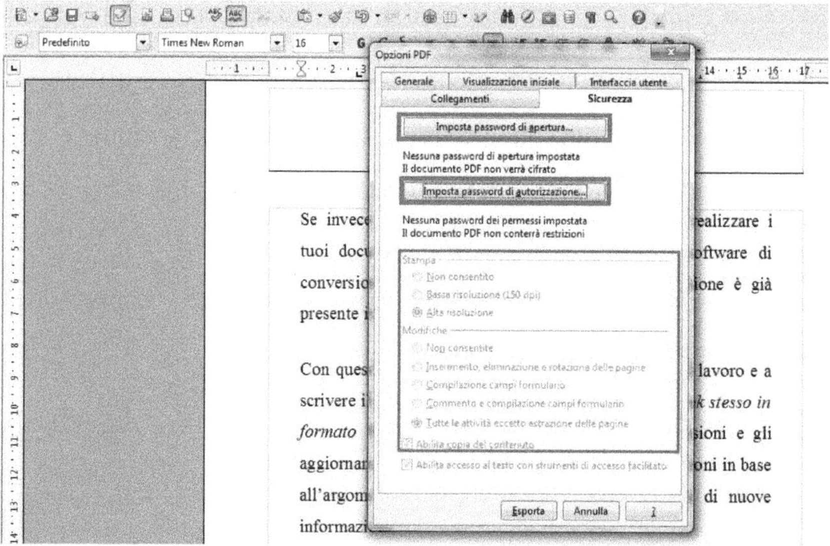

Tutto quello che ti serve per la realizzazione pratica di un ebook o progetto editoriale lo trovi in Openoffice oppure LibreOffice che è un progetto open source a se stante ma analogo a openoffice. Se desideri maggiori informazioni riguardo Openoffice, puoi visualizzarle sul sito ufficiale:

http://it.openoffice.org

Con questi strumenti puoi iniziare subito a metterti al lavoro e a scrivere il tuo ebook. *Tieni sempre una copia dell'ebook stesso in formato Word oppure open document*, che utilizzerai per effettuare le revisioni e gli aggiornamenti; un ebook può avere infatti diverse edizioni in base all'argomento trattato che comporteranno l'aggiunta di nuove informazioni.

Ogni volta che una nuova edizione – o comunque una nuova revisione – del progetto sarà pronta, potrai convertire nuovamente il file in PDF e sostituire la vecchia edizione. Un aspetto importante e strategico per incrementare le vendite del tuo ebook sta nel curarne la **copertina** o **cover**. Cos'è una cover? È la "scatola virtuale" dei tuoi prodotti digitali; è la differenza tra un prodotto "che si fa notare" e uno che "passa inosservato"; è la differenza tra un prodotto "amatoriale" e un prodotto "professionale". Perché dico questo?

Semplice: quando ti rechi in un negozio per acquistare un software, qual è l'elemento che ti fa acquistare un prodotto anziché un altro? Le caratteristiche tecniche? Il prezzo? La marca? Il tipo di supporto? Forse questi sono aspetti che valuti in seguito, perché la prima cosa che noti è LA SCATOLA! Proprio perché è la "scatola" che ATTIRA la tua attenzione, PRIMA ancora che tu valuti il prodotto nel dettaglio! Sì, la **scatola rappresenta il "valore aggiunto"** di quel prodotto, che altrimenti si presenterebbe soltanto come una semplice custodia DVD che nessuno noterebbe e ancora meno penserebbe di acquistare.

Il tuo ebook non è un prodotto che si può "toccare" con mano, come invece è possibile fare in un negozio quando acquisti un libro. Il tuo ebook è un prodotto digitale, è un insieme di kilobyte e non puoi far VEDERE LA SCATOLA a chi è interessato all'acquisto, e questo fa sì che il "valore" percepito dell'oggetto sia minore.

SEGRETO n. 4: È necessario che una cover o "copertina virtuale" aggiunga quel valore che il tuo prodotto inevitabilmente perde per non essere "tastabile".

Per fare questo bisogna usare strumenti professionali che garantiscano *risultati visivi di grande impatto* e solitamente è necessario rivolgersi a grafici specializzati che realizzino per te questi box, con costi non indifferenti! In questo caso devi mettere in preventivo di investire qualche soldo per acquistare un

software che ti permetta di creare e-cover professionali. No, non sto parlando di centinaia e centinaia di euro, non rientra negli obiettivi che mi sono prefisso nello scrivere questo ebook. Le mie ricerche hanno ottenuto anche in questo caso dei buoni risultati.

Ho infatti testato dei piccoli software gratuiti, o comunque che si possono avere con pochi euro, reperiti sul mercato statunitense, ma i risultati non sono stati soddisfacenti. Ho poi trovato alcune proposte del mercato italiano e dopo averle acquistate e testate posso dire che sono state la scelta migliore.

La prima si chiama **E-Cover Pro**. E-Cover Pro è un insieme di script *da installare in Adobe Photoshop* che ti permetteranno di creare cover grafiche sensazionali proprio attraverso il famoso software di grafica di proprietà Adobe. Il costo è di circa 20 € e può essere una valida scelta per il tuo business. Naturalmente dovrai fare un po' di pratica per l'utilizzo, visto che a primo impatto non è dei più semplici.

Altro "neo" di questo software è quello che per utilizzarlo devi necessariamente installare Adobe Photoshop sul tuo computer, che può essere scaricato dal sito www.adobe.com, ma solamente in prova per 30 giorni. Comunque è una risorsa validissima e facilmente reperibile tramite internet.

Ben più semplice e versatile invece è un altro software che ho testato e che ho usato spesso per creare le mie cover. A differenza di E-Cover Pro, questo software, che si chiama Ecover Creator 3D, non è un insieme di file da integrare, ma un **vero e proprio software** da installare sul proprio computer, e ti permette di realizzare cover gradevoli e professionali in pochi minuti grazie alla semplicità di utilizzo.

Questo software costa circa 25 € ed è una buona soluzione al problema "cover professionali". Hai la possibilità di scegliere tra diversi modelli compresi nel pacchetto. Puoi vedere le caratteristiche del software visitando la sezione "Software" del catalogo visibile sul sito www.creailtuobusiness.net, oppure reperirlo altrove sempre cercando in rete.

Un altro software che ho testato e trovo molto valido si chiama **Box Shot 3D**, ed è da prendere in seria considerazione data l'interfaccia semplice, intuitiva e nello stesso e gli effetti gradevoli che il software riesce a realizzare. Per maggiori informazioni puoi visitare il sito ufficiale: http://www.boxshot3d.com/ .

Per concludere il discorso “Cover” mi sento di consigliarti anche un’altra risorsa molto valida e low cost che ho avuto modo di utilizzare. Si tratta di **Ecover Creator,** uno script da installare sul tuo spazio web, che non richiede assolutamente la creazione di un database o requisiti server particolari.

Grazie a questo script, realizzi le tue cover e i tuoi progetti grafici relativi alle cover direttamente online, senza installare nulla sul tuo Pc.

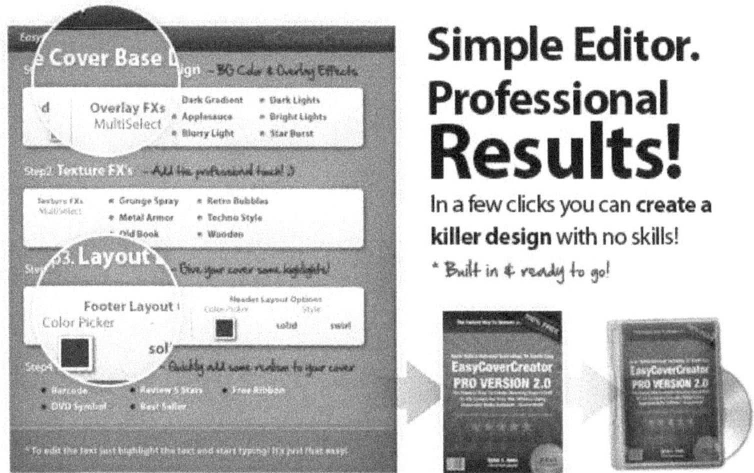

Un'ottima risorsa, facile da utilizzare, che ti permette di realizzare cover davvero professionali, inserendo (a differenza degli altri 2 software citati in precedenza), anche il testo e contenuto sulle tue cover.

Per maggiori informazioni puoi visitare il sito ufficiale: http://theecovercreator.com/

Bene, sei già al lavoro? Aspetta un attimo, perché le informazioni che leggerai nelle prossime pagine dedicate a PayPal ti permetteranno di impostare la vendita automatizzata dei tuoi ebook e di effettuare la consegna digitale automatizzata dopo aver ricevuto il pagamento.

Quali sono le migliori strategie per vendere i tuoi ebook?

1. **Offri un ebook gratuitamente se una persona acquisterà un tuo prodotto o servizio**; in questo modo le persone acquisteranno più spesso. Ad esempio potresti dire: «Riceverai un ebook gratis se acquisti [prodotto] entro [data]».
2. **Consenti alle persone di scaricare gratuitamente il tuo ebook se ti presentano tre o cinque amici** (fornendo l'indirizzo mail di tre o cinque amici o associati che sarebbero interessati al tuo ebook). Ciò servirà a crearti una lista di distribuzione cui proporre i tuoi prodotti.
3. **Crea un elenco di siti web e inseriscili nel tuo ebook**. Inserisci nell'elenco i siti delle persone che accetteranno di pubblicizzare l'ebook sul loro sito o rivista elettronica. Sarà per loro un incentivo a distribuire o pubblicizzare il tuo ebook. Ad esempio potresti dire «Gratis nel nostro ebook la tua pubblicità! In cambio inserisci nel tuo sito un link al nostro!»
4. **Consenti ad altre persone** di **distribuire il tuo ebook gratuito**. Aumenterai così il numero di persone che leggerà la tua pubblicità nell'ebook.

5. **Richiedi l'iscrizione alla tua mailing list, prima** che possano scaricare il tuo ebook e ricevere altri bonus. Questo è un metodo molto efficace per aumentare velocemente la lista degli iscritti.
6. **Vendi spazio pubblicitario all'interno del tuo ebook**. Potresti far pagare per pubblicità personalizzate, annunci riservati oppure banner pubblicitari. Potresti anche commercializzare spazio pubblicitario nel tuo ebook per altre forme di pubblicità.
7. **Distribuisci il libro come bonus da regalare ad altri, inserisci nell'ebook la pubblicità di un nuovo prodotto finito che stai offrendo**. Ad esempio potresti dire: «Stiamo distribuendo questo ebook per ringraziarti di avere acquistato un nostro prodotto…».
8. Ricava **pubblicità gratuita inviando il tuo ebook a siti gratuiti** e a siti di software di libera distribuzione. Questo incrementerà il numero di persone che scaricheranno il tuo ebook e che vedranno la tua pubblicità. Tali siti già attraggono un buon numero di visitatori attenti alla qualità degli articoli gratuiti.
9. **Vendi o regala i diritti di ristampa** a coloro che sono

interessati a rivendere l'ebook tenendo il 100% dei profitti. Potresti anche guadagnare di più vendendo i diritti di ristampa originali; permetterebbe ad altre persone di rivendere i diritti di ristampa. Potresti anche includere la tua pubblicità all'interno dell'ebook. Ogni volta che qualcuno lo legge o lo distribuisce, tu riceverai visibilità.

10. **Abbina il tuo ebook a prodotti o servizi di altre persone.** Questa tecnica raddoppierà il tuo marketing senza spendere molto tempo e soldi. Ad esempio potresti creare un pacchetto contenente il tuo ebook unito a un servizio di sottoscrizione ai motori di ricerca, oppure di iscrizione a servizi di hosting gratuiti.
11. **Distribuisci il tuo ebook a coloro che si iscrivono al tuo programma di affiliazione come subaffiliati.** Il numero di persone che si iscriverà aumenterà! Potresti anche creare una guida pcr aiutarli a promuovere i tuoi prodotti o servizi.
12. **Offri un ebook gratis che contenga soltanto una parte di quello che venderai.** Se piace, dai la possibilità di ordinare la versione completa. È lo stesso funzionamento delle demo dei software o dei software shareware. Ad esempio, quante volte hai avuto un campione di qualcosa, lo hai utilizzato e

successivamente lo hai acquistato?

13. **Al tuo prodotto gratuito potresti aggiungerne altri aumentando così il valore.** Ad esempio: «Acquistando il mio ebook riceverai un bonus dal valore di 19,90 €», oppure «Acquistando il mio ebook riceverai una mini-guida in omaggio su *Come…* dal valore di 19,90 €», oppure «Acquista il mio ebook e riceverai un accesso gratuito all'area riservata del nostro sito».
14. **Evita di inserire link troppo lunghi,** ma usa una pagina di reindirizzamento per aumentare le tue vendite. Le persone pensano che i link lunghi all'interno delle email siano poco professionali, potresti dunque reindirizzarli a un collegamento web.
15. **Includi un servizio gratuito insieme all'ebook.** Ad esempio potresti dare qualche minuto gratuito di consulenza. Potresti farlo al telefono o via chat. Se alle persone piace, allora pagheranno una tariffa oraria per ricevere più consulenze.
16. **È statisticamente confermato che le persone sono particolarmente "attratte" dalle sorprese**, perché questo rappresenta una variante alla normale routine. Dì loro che potranno ricevere una gradita sorpresa effettuando un ordine.

Questo stuzzicherà la loro curiosità e saranno maggiormente invogliate a effettuare l'ordine.

17. **Molte persone sono curiose nei confronti di quelle cose che riguardano il loro modo di vivere.** Potresti usare parole come "inedito", "segreto" o "riservato" nella tua pubblicità. Ad esempio potresti dire: «Se ordini entro il 30 giugno 2008, riceverai in omaggio anche un inedito ebook dal valore di 49 €, che ti svelerà un misterioso segreto per [...]».
18. **Le persone hanno bisogno di capire che** se acquistano un tuo prodotto in realtà **non stanno "comprando", ma stanno "investendo"**. Nel pubblicizzare i tuoi ebook utilizza frasi come «*investire nel tuo prodotto*» invece di «*comprare il mio prodotto*». Ad esempio potresti dire: «Sarà l'investimento migliore che tu abbia mai fatto», oppure: «Sarà l'investimento più proficuo del 2008».

Tenendo presente questi aspetti sicuramente avrai la possibilità di aumentare le **probabilità di vendita dei tuoi ebook del 40%.**

Ma la possibilità di creare un tuo prodotto non è ristretta esclusivamente alla stesura di ebook. Hai mai pensato di realizzare degli **audiocorsi o videocorsi**? Oggi il business online punta molto su queste varianti all'ebook scritto. Per esempio, tu preferiresti leggere un ebook di 100 pagine dal monitor del tuo computer oppure ascoltare lo stesso contenuto in formato mp3, magari mentre sei rilassato sul tuo divano con il tuo lettore nel taschino della camicia? Sicuramente hai scelto la seconda opzione. Difficile creare audio o videocorsi?

Non credo proprio! Basta una **webcam** per i videocorsi e un **microfono** che utilizzerai per realizzare audiocorsi. Una buona idea potrebbe essere questa: preparati su un argomento che abbia a che fare col tuo business, immagina sia un po' come affrontare un esame orale; prepara degli appunti che ti serviranno per esporre l'argomento. Poi con la tua webcam potrai iniziare a realizzare dei videocorsi in modo semplice:

- ti procuri una poltroncina dal gradevole aspetto;
- ti posizioni in modo da avere uno sfondo neutro (puoi utilizzare anche lenzuola a tinta unica dal colore gradevole);
- punti la webcam in modo da ottenere un'inquadratura sufficientemente adeguata;
- inizi la registrazione;

- salvi il tuo video.

Cosa c'è di difficile in questo? Nulla!

SEGRETO n. 5: Creare audiocorsi e videocorsi ti permette di stuzzicare la curiosità delle persone, oltre che di creare tuoi prodotti in poco tempo.

Per la pubblicazione, magari attraverso supporto DVD, non c'è problema, ci pensa **Lulu.com**, tu devi solamente creare il progetto e Lulu ti guiderà nell'importazione all'interno della sua piattaforma ecommerce nonché alla creazione del supporto adatto alla vendita. Non è fantastico? Come puoi notare le possibilità e le strategie per creare un TUO prodotto sono diverse e tutte facilmente applicabili, anche se non sei un "genio". Applica questi consigli e sicuramente lascerai anche tu la tua "impronta" sul web.

Ma ora che sei in grado di creare i tuoi prodotti e venderli attraverso i tuoi minisiti, come puoi farti pagare in modo semplice, veloce e sicuro? Hai senz'altro sentito parlare di

PayPal e di come può aiutarti a sviluppare i tuoi progetti nel campo del business.

PayPal è il sistema di pagamento più usato al momento nel marketing online ed è un potente strumento che ti permetterà di ricevere pagamenti immediati, anche in diverse valute, da acquirenti di tutto il mondo. La registrazione è gratuita e ti permette di aprire il tuo conto PayPal in pochi minuti e di iniziare subito a ricevere pagamenti mediante carte di credito, incluse le prepagate. Queste sono oggi molto utilizzate perché infondono un senso di "sicurezza" a coloro che le utilizzano, visto che danno la possibilità di precaricare l'importo che poi si intende utilizzare per un acquisto tramite internet.

Per poter sfruttare a pieno e senza limiti le potenzialità di questo favoloso sistema di pagamento online è indispensabile che in fase di registrazione tu scelga un conto *premier* oppure *business* (entrambi gratuiti). Quindi, se non l'hai ancora fatto, iscriviti subito gratuitamente e apri un conto *business* o *premier* visitando il sito www.paypal.it.

Inizia subito a impostare il tuo account diventando un utente verificato. Il *codice di verifica* ti aiuta a sfruttare al meglio il tuo conto PayPal. **Diventando un utente verificato darai maggiore sicurezza ai tuoi potenziali acquirenti e non avrai nessun limite imposto sul conto stesso.** È sufficiente completare la semplice procedura di registrazione per rimuovere il limite di invio sulle fonti di finanziamento e inviare fondi illimitati con la tua carta di credito. Ti ho parlato di potenzialità da sfruttare pienamente giusto? Tra pochi istanti ti spiegherò quali sono, ma intanto ti illustro le principali caratteristiche di PayPal.

Paypal incrementa i tuoi guadagni e amplia la tua base utenti. **Offre ai tuoi clienti la possibilità di pagare nel modo che preferiscono.** PayPal si integra perfettamente nel tuo flusso di pagamento e consente ai tuoi clienti un'esperienza di acquisto ottimale, grazie a una soluzione semplificata che permette di completare il pagamento in pochi passaggi. *Veloce e scorrevole*, ti aiuterà a trasformare compratori potenziali in clienti fedeli. Utilizzando PayPal per farti pagare puoi davvero incrementare notevolmente il tuo business oltre che renderlo completamente sicuro e automatizzato. I vantaggi sono molti:

Aumenti le vendite. Integrando PayPal nei tuoi minisiti aumenti le tue vendite in media del 14%.

Migliora l'esperienza d'acquisto. Grazie al pagamento express, i tuoi acquirenti pagheranno con facilità attraverso dati finanziari già salvati su PayPal. È così rapido che i compratori saranno inclini ad acquistare più spesso. In Italia, chi utilizza PayPal fa shopping online tre volte in più di chi non lo usa.

Conquisti nuovi clienti. PayPal ha oltre 100 milioni di conti in tutto il mondo. Ogni 29 secondi in Italia viene aperto un conto PayPal.

Offri sicurezza nei pagamenti. Il 67% degli utenti PayPal in Italia afferma di utilizzare questo sistema di pagamento soprattutto per la sicurezza che offre.

È il modo più facile per accettare pagamenti. Accetta tutte le principali carte di credito e i pagamenti PayPal, senza complicazioni. I pagamenti PayPal su sito web sono:

- *Facili.* Per configurare il tuo sito web bastano pochi minuti.
- *Sicuri.* Attraverso innovativi sistemi di protezione dalle frodi ti consente di svolgere la tua attività in modo sicuro.
- *Completi.* Non avrai bisogno di un gateway o di un conto

commerciante a parte. I tuoi clienti non hanno bisogno necessariamente di un conto Paypal per effettuare pagamenti.

- *Versatili.* Puoi trasferire il denaro dal conto PayPal al tuo conto corrente bancario o postale e addirittura trasferire il denaro direttamente sulla tua carta Postepay. Tutto questo in semplici passaggi e con pochi click di mouse.

Queste sono le principali caratteristiche del servizio che ti mette a disposizione PayPal gratuitamente; naturalmente il guadagno PayPal lo ottiene su ogni pagamento che riceverai, trattenendosi una commissione del 3,4% + 0,35 €. Tenendo conto che ogni sistema di pagamento con carta di credito chiede in media il 4% di commissione, più un canone fisso per il servizio, capirai che enormi vantaggi PayPal può dare al tuo business.

Soluzioni di pagamento PayPal		
Pagamenti su sito web	Pagamenti via email	Opzione di pagamento aggiuntiva
Esperienza di pagamento del cliente		
I clienti effettuano acquisti sul tuo sito web ↓ I clienti effettuano il pagamento sul sito di PayPal	I clienti ricevono la tua richiesta di pagamento tramite email ↓ I clienti effettuano il pagamento sul sito di PayPal	I clienti effettuano acquisti sul tuo sito web ↓ I clienti scelgono di effettuare il pagamento sul sito di PayPal
Tariffe per transazione		
1,8% - 3,4% + €0,35 EUR, a seconda del volume mensile	1,8% - 3,4% + €0,35 EUR, a seconda del volume mensile	1,8% - 3,4% + €0,35 EUR, a seconda del volume mensile
Tariffe iniziali		
Nessuna	Nessuna	Nessuna
Tariffe mensili		
Nessuna	Nessuna	Nessuna
Tariffe per il gateway		
Nessuna	Nessuna	Nessuna

Utilizzare PayPal nel tuo sito web o nei tuoi minisiti è semplicissimo: dopo aver effettuato il login che ti permette di accedere al tuo conto, non devi fare altro che creare un pulsante «**Paga adesso**», strumento che trovi nell'area **Servizi per l'e-commerce**.

L'interfaccia è semplice e intuitiva e richiede la compilazione di alcuni campi di opzione come il *nome del prodotto* o *servizio* che vendi, un *codice identificativo* (opzionale) e il *prezzo che desideri impostare al tuo prodotto*. Altre opzioni, come il peso, non sono necessarie nel caso tu venda prodotti digitali come gli ebook.

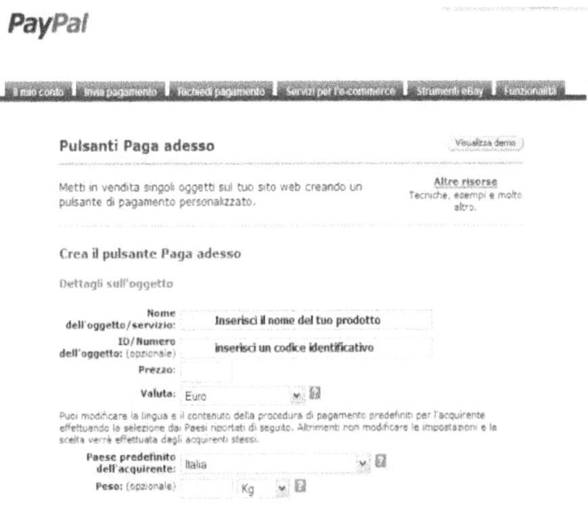

Dovrai poi **scegliere l'aspetto grafico del pulsante** stesso tra quelli disponibili, oppure indicare l'URL di una tua immagine personalizzata, magari in base alla grafica del tuo sito web, che deve necessariamente essere precaricata sul tuo server (spazio web).

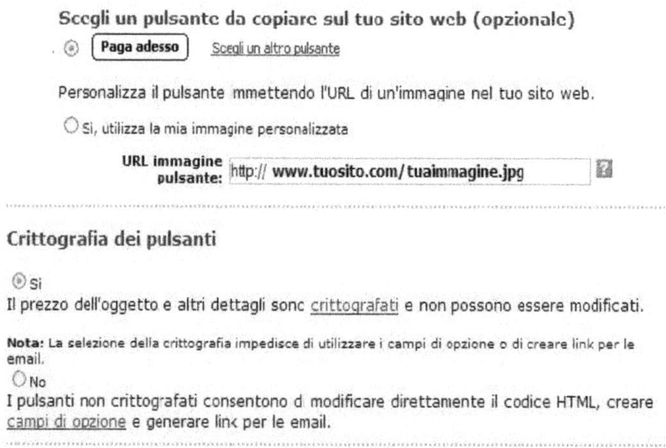

Per esempio potresti decidere di utilizzare un'immagine come questa:

In questo caso devi caricarla sul tuo server e indicarne l'URL nel campo richiesto. Un aspetto **fondamentale** al fine di preservare il tuo business è quello di **usare SEMPRE e comunque la CRITTOGRAFIA DEI PULSANTI** per evitare che "pirati informatici" modifichino il prezzo dei tuoi prodotti o addirittura effettuino il download dei tuoi ebook **SENZA PAGARLI**! Sì, hai capito bene! E tra poco ti mostro come non bisogna essere necessariamente un hacker per farlo, ma chiunque abbia una conoscenza minima del codice HTML può impiegare meno di 30 secondi per crearti un enorme danno economico!

Ora devi **impostare il metodo di spedizione** (che nel tuo caso non aggiunge altri importi, visto che non dovrai spedire il prodotto digitale con i classici servizi postali) e le imposte sulle vendite.

Ma adesso arriva il bello… Ti insegno infatti a servirti di PayPal per effettuare la "consegna digitale automatizzata" del tuo ebook all'acquirente, **solo ed esclusivamente dopo aver ricevuto il pagamento** dello stesso. Permetterai così al tuo acquirente di effettuare il download immediato dell'ebook che ha acquistato. Fantastico no? Pensa, infatti, che software specifici per questa funzione sono venduti a centinaia di euro, mentre tu puoi ottenere la stessa funzione GRATIS.

Quindi, non cliccare su «Crea pulsante» ma su «**Aggiungi altre opzioni**».

Opzioni del metodo di spedizione

Configura le opzioni del metodo di spedizione per questo pulsante.

◉ Utilizza il calcolo delle spese di spedizione impostato nel mio profilo

○ Utilizza un importo forfettario EUR

Opzioni per l'imposta sulle vendite

Configura le opzioni per le imposte sulle vendite per questo pulsante.

◉ Utilizza il calcolo delle imposte sulle vendite impostato nel mio profilo

○ Utilizza un importo forfettario EUR

Crea pulsante | Aggiungi altre opzioni

Nel passaggio successivo, dopo aver scelto lo stile delle pagine personalizzate, impostato i campi riferiti alla quantità e spedizione e, dove richiesto, l'URL per il pagamento riuscito, lascia il campo vuoto e clicca sul pulsante «**Modifica»** per avere accesso alle impostazioni di «**Ritorno automatico**».

Personalizza le pagine dei pagamenti (opzionale)

Scegli uno stile delle pagine di pagamento personalizzate che sia adatto al tuo sito web, per offrire ai clienti una procedura di pagamento semplice e immediata.Per saperne di più

Stile pagina principale: PayPal

Stile delle pagine di pagamento personalizzate: Seleziona un valore...

Personalizza l'esperienza del compratore (opzionale)

URL per pagamento riuscito - È la pagina a cui accederanno i clienti dopo aver eseguito il pagamento, ad esempio www.tuonegozio.com

URL per pagamento riuscito: http:// >>>>>>> Modifica

Trasferimento dei dati del pagamento: disattivata Modifica

URL di Annulla pagamento - È la pagina a cui accederanno i clienti dopo aver annullato il pagamento, ad esempio www.tuonegozio.com/annulla

URL di Annulla pagamento: http://

Preferenze per la quantità e la spedizione

Desideri offrire agli acquirenti la possibilità di acquistare più unità di questo oggetto o servizio specifico?
Nota: tieni presente che ciò consentirà ai clienti di scegliere qualsiasi quantità desiderata.

Sì No

Desideri che i tuoi acquirenti forniscano il proprio indirizzo di spedizione?

Rendi opzionale la spedizione. Sì, richiedi la spedizione. Spedizione non richiesta.

Ora devi spuntare la casella per attivare il ritorno automatico e **inserire nel campo «URL di rinvio» l'indirizzo completo della pagina di ringraziamento,** che dovrai preventivamente creare e caricare sul tuo server. NOTA: l'URL di rinvio automatico dovrà essere sostituito ogni volta che imposti un pulsante di pagamento per un prodotto diverso e diretto alla rispettiva pagina di ringraziamento preventivamente creata e caricata sul tuo server.

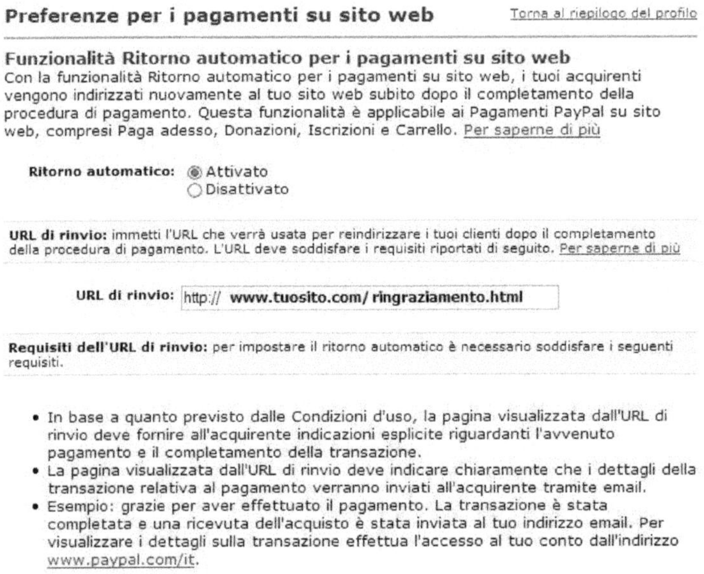

Preferenze per i pagamenti su sito web Torna al riepilogo del profilo

Funzionalità Ritorno automatico per i pagamenti su sito web
Con la funzionalità Ritorno automatico per i pagamenti su sito web, i tuoi acquirenti vengono indirizzati nuovamente al tuo sito web subito dopo il completamento della procedura di pagamento. Questa funzionalità è applicabile ai Pagamenti PayPal su sito web, compresi Paga adesso, Donazioni, Iscrizioni e Carrello. Per saperne di più

Ritorno automatico: (•) Attivato
( ) Disattivato

URL di rinvio: immetti l'URL che verrà usata per reindirizzare i tuoi clienti dopo il completamento della procedura di pagamento. L'URL deve soddisfare i requisiti riportati di seguito. Per saperne di più

URL di rinvio: http:// **www.tuosito.com/ ringraziamento.html**

Requisiti dell'URL di rinvio: per impostare il ritorno automatico è necessario soddisfare i seguenti requisiti.

- In base a quanto previsto dalle Condizioni d'uso, la pagina visualizzata dall'URL di rinvio deve fornire all'acquirente indicazioni esplicite riguardanti l'avvenuto pagamento e il completamento della transazione.
- La pagina visualizzata dall'URL di rinvio deve indicare chiaramente che i dettagli della transazione relativa al pagamento verranno inviati all'acquirente tramite email.
- Esempio: grazie per aver effettuato il pagamento. La transazione è stata completata e una ricevuta dell'acquisto è stata inviata al tuo indirizzo email. Per visualizzare i dettagli sulla transazione effettua l'accesso al tuo conto dall'indirizzo www.paypal.com/it.

La pagina di ringraziamento dovrà soddisfare il requisito richiesto da PayPal per il rinvio automatico; basterà inserire nella stessa il testo dell'esempio riportato (vedi immagine sopra), oltre che logicamente il pulsante o link per il download del file acquistato. Ecco come potrebbe presentarsi il contenuto della pagina di ringraziamento che permette agli acquirenti il download immediato del file.

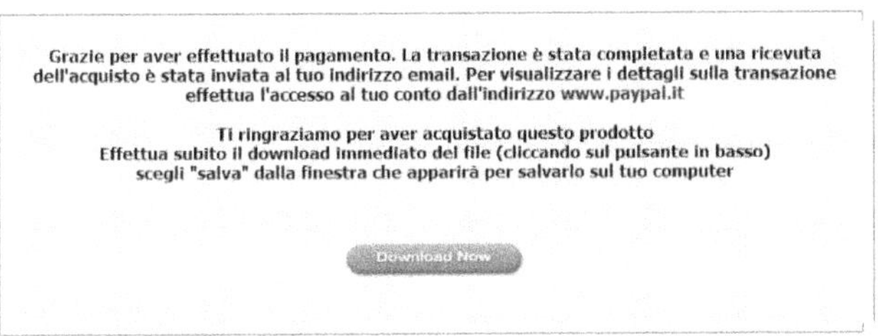

Ora non resta che cliccare su «**Crea pulsante**» e lasciare che venga generato il codice HTML da utilizzare per importare il pulsante completo delle sue funzionalità in qualsiasi tua pagina web o minisito. Si tratta di un semplice copia incolla che effettuerai attraverso un editor HTML come FrontPage, Kompozer, oppure NVU e il gioco è fatto!!

Note del cliente e istruzioni speciali

Desideri che i donatori possano includere una nota insieme al proprio pagamento?

Sì No

Titolo della nota: Istruzioni opzionali (massimo 30 caratteri)

Scegli un indirizzo email presso il quale ricevere i pagamenti (opzionale)

Desidero ricevere i pagamenti al seguente indirizzo email:

Indirizzo email: Tuo indirizzo email

Anteprima Crea pulsante Modifica

Aggiungi un pulsante Paga adesso sul tuo sito web

Copia il tuo codice HTML personalizzato
Clicca sul pulsante **Seleziona tutto** per evidenziare il codice all'interno della casella e copiarlo.

Nota: se è attivata la crittografia dei pulsanti, non verrà generato un link per messaggi email. Per disattivare la crittografia, torna alla pagina precedente e clicca su **No** sotto **Crittografia pulsante**.

Codice HTML crittografato per siti web:
(Copia e incolla questo codice HTML sul tuo sito web)

```
<form action="https://www.paypal.com/cgi-bin/webscr" method="post">
<input type="hidden" name="cmd" value="_s-xclick">
<input type="image"
src="https://www.paypal.com/it_IT/i/btn/x-click-but23.gif" border="0"
name="submit" alt="Effettua i tuoi pagamenti con PayPal.  un sistema
rapido, gratuito e sicuro.">
<img alt="" border="0"
src="https://www.paypal.com/it_IT/i/scr/pixel.gif" width="1"
```

Seleziona tutto

Incolla il codice HTML nel tuo sito web o nel tuo messaggio email
Utilizza un editor HTML per aprire la pagina web in cui desideri che venga visualizzato il pulsante di pagamento. Incolla il codice del pulsante appena copiato sulla riga appropriata. Ora, visualizza la tua pagina web in anteprima; dovresti visualizzare il pulsante di pagamento accanto all'oggetto in vendita.

Cosa hai ottenuto? Il tuo minisito creato per vendere il tuo ebook sarà ora completo di pulsante «**Acquista adesso**», che permetterà al visitatore di effettuare il pagamento con carta di credito attraverso il server sicuro PayPal (anche se egli non possiede un account PayPal) e, cosa molto importante, anche di effettuare il download immediato dell'ebook acquistato, subito dopo la conferma di pagamento. Infatti PayPal, dopo aver ricevuto la conferma che il pagamento è andato a buon fine, reindirizzerà l'acquirente alla tua pagina di ringraziamento, tramite il rinvio automatico, che ora hai imparato a impostare.

Venderai in modo completamente automatizzato, anche mentre sei in vacanza, anche se stai dormendo, anche se ti dedichi ad altro, anche se il tuo computer è spento! **Attenzione: ti ho raccomandato di utilizzare sempre la crittografia dei pulsanti di pagamento.** Sai che non utilizzandola potresti arrivare a perdere 100 € in meno di 30 secondi? Ora ti mostro come.

Ho realizzato tramite la procedura guidata un pulsante di pagamento per la vendita di un "ipotetico" prodotto dal costo di 10 €. C'è una sostanziale differenza tra un pulsante crittografato il cui codice HTML sarà così definito:

```
<form action="https://www.paypal.com/cgi-bin/webscr" method="post">
<input type="hidden" name="cmd" value="_s-xclick">
<input type="image" src="https://www.paypal.com/it_IT/i/btn/x-click-but23.gif" border="0"
name="submit" alt="Effettua i tuoi pagamenti con PayPal.  un sistema rapido, gratuito e sicuro.">
<img alt="" border="0" src="https://www.paypal.com/it_IT/i/scr/pixel.gif" width="1" height="1">
<input type="hidden" name="encrypted" value="-----BEGIN PKCS7-----
MIIHoAYJKoZIhvcNAQcEoIIHkTCCB40CAQExggEwMIIBLAIBADCBlDCBjjELMAkGA1UEBhMCVVMxCzAJBgNVBA
gTAkNBMRYwFAYDVQQHEw1Nb3VudGFpbiBWaWV3MRQwEgYDVQQKEwtQYXlQYWwgSW5jLjETMBEGA1UEC
xQKbGl2ZV9jZXJ0czERMA8GA1UEAxQIbGl2ZV9hcGkxHDAaBgkqhkiG9w0BCQEWDXJlQHBheXBhbC5jb20CAQA
wDQYJKoZIhvcNAQEBBQAEgYCdZhzbQbMFucm2N7Mdg27G+gbhhHkbRuwUoKVJkylMkMcZR3S47ED1w2P97
xc9o0AICrP4AOusIc9bvD4+3Efzrz0Ss6mTcEKvbnMKoKlhAWn0YYe+r+TivvRbrkchgMfLsCcg4I9v8lSAkojLbtAB
CIbUmr36ZvglC4aa4tcq9zELMAkGBSsOAwIaBQAwggEcBgkqhkiG9w0BBwEwFAYIKoZIhvcNAwcECIMpRnt7/qy
vgIH4MVmZqJIJj45sLahKO8qk0WrRWfO327JwMIVPOQsQ311+X9p7TMzA8ZBWX2ahAWQZjJ6BPlUqCRRfW22
OwaiNgD+pijfV/ArSvEKMfX+CozPV/V6wkkB3lmgFt3hWw6yOoN3LxydBAB17LH46Vj1I30PFzkmQlR2Q7txiIPQJ
+HhlaPoyT/kQVME+0t7Qxhn+Peau9bmIMdiv3s2N8HNh9DtPVspWMC9ojZkuKj39lVjkem2Azxm2rPRIe+UbAE
ZQR13Q+KKiGfphxIJ8/WIZRT8uJ2VTQtPdS9Hpd4mXbxjnGiJ9FseIM2BQNwc35cwCv9ATelt96L2gggOHMIIDgz
CCAuygAwIBAgIBADANBgkqhkiG9w0BAQUFADCBjjELMAkGA1UEBhMCVVMxCzAJBgNVBAgTAkNBMRYwFAYD
VQQHEw1Nb3VudGFpbiBWaWV3MRQwEgYDVQQKEwtQYXlQYWwgSW5jLjETMBEGA1UECxQKbGl2ZV9jZXJ0cz
ERMA8GA1UEAxQIbGl2ZV9hcGkxHDAaBgkqhkiG9w0BCQEWDXJlQHBheXBhbC5jb20wHhcNMDQwMjEzMTAxM
zE1WhcNMzUwMjEzMTAxMzE1WjCBjjELMAkGA1UEBhMCVVMxCzAJBgNVBAgTAkNBMRYwFAYDVQQHEw1Nb3
VudGFpbiBWaWV3MRQwEgYDVQQKEwtQYXlQYWwgSW5jLjETMBEGA1UECxQKbGl2ZV9jZXJ0czERMA8GA1UE
AxQIbGl2ZV9hcGkxHDAaBgkqhkiG9w0BCQEWDXJlQHBheXBhbC5jb20wgZ8wDQYJKoZIhvcNAQEBBQADgY0A
MIGJAoGBAMFHTt38RMxLXJyO2SmS+Ndl72T7oKJ4u4uw+6awntALWh03PewmIJuzbALScsTS4sZoS1fKciBGoh
11gIfHzylvkdNe/hJl66/RGqrj5rFb08sAABNTzDTiqqNpJeBsYs/c2aiGozptX2RlnBktH+SUNpAajW724Nv2Wvhif6s
FAgMBAAGjge4wgeswHQYDVR0OBBYEFJaffLvGbxe9WT9S1wob7BDWZJRrMIG7BgNVHSMEgbMwgbCAFJaffLv
Gbxe9WT9S1wob7BDWZJRroYGUpIGRMIGOMQswCQYDVQQGEwJVUzELMAkGA1UECBMCQ0ExFjAUBgNVBAc
TDU1vdW50YWluIFZpZXcxFDASBgNVBAoTC1BheVBhbCBJbmMuMRMwEQYDVQQLFApsaXZlX2NlcnRzMREwD
wYDVQQDFAhsaXZlX2FwaTEcMBoGCSqGSIb3DQEJARYNcmVAcGF5cGFsLmNvbYIBADAMBgNVHRMEBTADAQ
H/MA0GCSqGSIb3DQEBBQUAA4GBAIFfOlaagFrl71+jq6OKidbWFSE+Q4FqROvdgIONth+8kSK//Y/4ihuE4Ymvz
n5ceE3S/iBSQQMjyvb+s2TWbQYDwcp129OPIbD9epdr4tJOUNiSojw7BHwYRlPh58S1xGlFgHFXwrEBb3dgNbM
Ua+u4qectsMAXpVHnD9wIyfmHMYIBmjCCAZYCAQEwgZQwgY4xCzAJBgNVBAYTAlVTMQswCQYDVQQIEwJD
QTEWMBQGA1UEBxMNTW91bnRhaW4gVmlldzEUMBIGA1UEChMLUGF5UGFsIEluYy4xEzARBgNVBAsUCmxpd
mVfY2VydHMxETAPBgNVBAMUCGxpdmVfYXBpMRwwGgYJKoZIhvcNAQkBFg1yZUBwYXlwYWwuY29tAgEAMAk
GBSsOAwIaBQCgXTAYBgkqhkiG9w0BCQMxCwYJKoZIhvcNAQcBMBwGCSqGSIb3DQEJBTEPFw0wNzEyMTQxM
jI5NDZaMCMGCSqGSIb3DQEJBDEWBBSY06I7lZZlvoAKuXev84217lljgDANBgkqhkiG9w0BAQEFAASBgFKmOec
YY+kLKhbaDX1OF4msiMNgac55mdjd1AUVDUEJ7Pmoy4XNbVeZuyf6KAaagTmpe+f2dOoVfCT6k4rTti1hZD6W
qoq1Cl8iXHfra0lmu69XE7r3ksLoWl8RH49zmg/N4QqINEJVIsGzrrBn18B1mkegYiEaeuP+MExcddAQ-----END
```

rispetto allo stesso identico pulsante di pagamento (relativo allo stesso prodotto venduto) non crittografato il quale avrà il seguente codice HTML:

```
<form action="https://www.paypal.com/cgi-bin/webscr" method="post">
<input type="hidden" name="cmd" value="_xclick">
<input type="hidden" name="business" value="info@tuaemail.com">
<input type="hidden" name="item_name" value="nome tuo prodotto">
<input type="hidden" name="amount" value="10.00">
<input type="hidden" name="no_shipping" value="0">
<input type="hidden" name="return" value="http://www.tuosito.com/tuapagina di ringraziamento.html">
<input type="hidden" name="no_note" value="1">
<input type="hidden" name="currency_code" value="EUR">
<input type="hidden" name="lc" value="IT">
<input type="hidden" name="bn" value="PP-BuyNowBF">
<input type="image" src="https://www.paypal.com/it_IT/i/btn/x-click-but23.gif" border="0"
name="submit" alt="Effettua i tuoi pagamenti con PayPal. un sistema rapido, gratuito e sicuro.">
<img alt="" border="0" src="https://www.paypal.com/it_IT/i/scr/pixel.gif" width="1" height="1">
</form>
```

Hai notato la differenza? Se utilizzi un pulsante di pagamento non crittografato chiunque abbia le minime conoscenze basilari (e ti assicuro che sono in molti ad averle) può in meno di 30 secondi può *visualizzare il codice sorgente del tuo minisito* o della tua pagina web attraverso il proprio browser.

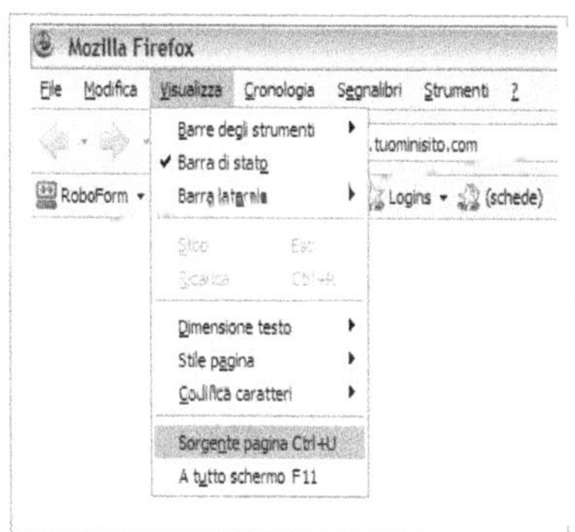

Può prelevare l'URL della tua pagina di ringraziamento (come vedi evidenziato nel codice del pulsante non crittografato, che ho voluto riportare come esempio) e **fare IL DOWNLOAD del tuo ebook SENZA EFFETTUARE L'ACQUISTO!** E a meno che tu non installi degli script avanzati, NON TI ACCORGERAI DI NULLA! Immagini cosa potrebbe accadere se tu impostassi le vendite dei tuoi dieci ebook creati con tanto impegno e fatica, vendendo ciascun ebook a soli 10 € con pulsanti non crittografati?

Potresti perdere 100€ ogni 30 secondi! Butteresti via letteralmente il tuo lavoro regalando la tua miniera d'oro ad altri. La pirateria digitale e i furti digitali sono un fenomeno in continua crescita, quindi **evita di creare enormi "falle"** nella sicurezza del tuo business usando pulsanti non crittografati.

Molti marketer principianti tralasciano questo aspetto importante, perché utilizzare pulsanti non crittografati è più comodo e veloce. Infatti, basta copiare il codice HTML di un pulsante e modificare le variabili per crearne di nuovi senza bisogno di collegarsi a internet ed effettuare la procedura di creazione guidata tramite PayPal. GRAVE ERRORE! Grazie a questo ebook ora hai capito anche tu il perché.

PayPal è uno strumento potentissimo col quale potrai anche **richiedere pagamenti ricorrenti**, magari mensili, che ti permetteranno di creare iscrizioni, membership o servizi a **pagamento con canone mensile**, nonché **regalare buoni sconto** sull'acquisto di tuoi prodotti agli iscritti della tua mailing list. Ogni volta che un nuovo commerciante apre un conto *business* o *premier* PayPal attraverso il link o il banner da te fornito, hai diritto a un *Bonus presentazione commercianti*. Il tuo bonus di presentazione è vincolato all'importo che il commerciante riceverà utilizzando gli strumenti di pagamento su sito web o l'opzione «**Invia pagamento di PayPal**».

SEGRETO n. 6: Se lo utilizzi nel modo giusto, PayPal ti permette di far fruttare il tuo business in totale sicurezza e versatilità.

E per mettere la "ciliegina sulla torta" PayPal ti offre anche la possibilità di guadagnare presentando altri commercianti attraverso un tuo **link affiliato**, che ti viene assegnato, e il relativo link grafico (banner) da inserire nei tuoi minisiti. Inizierai subito a **guadagnare lo 0,5%** delle entrate del nuovo commerciante, ovvero fino a 1.000 € per i primi 12 mesi, a partire dalla data in cui il commerciante avrà aperto il suo conto PayPal. NOTA: il programma *Bonus presentazione commercianti* è stato studiato per premiare gli utenti presentati da commercianti, non venditori eBay. Pertanto, i pagamenti ricevuti per gli oggetti eBay venduti non verranno considerati utili a tal riguardo.

PayPal ti accompagnerà nella tua carriera di internet marketer e accrescerà notevolmente il valore del tuo business online permettendoti di gestire i tuoi introiti finanziari come meglio credi, trasferendoli sul tuo conto corrente bancario o sulla tua carta di credito ricaricabile.

È uno strumento potentissimo e gratuito; sfruttandone tutte le potenzialità e caratteristiche puoi costruire un vasto piano di marketing automatizzato che genera guadagni 24 ore su 24. Esistono molte altre risorse, come software di ecommerce e carrello elettronico, sia gratuiti che a pagamento, ma niente è più semplice e diretto di un pulsante di pagamento PayPal.

Ovviamente, se il tuo business cresce, il tuo catalogo prodotti cresce, crescono inevitabilmente anche le tue esigenze e quelle del tuo business: **il solo pulsante paypal potrebbe non essere più sufficiente.**

Ecco perché la maggior parte dei Marketer e Web Marketer, utilizzano dei sistemi o piattaforme ecommerce per automatizzare non solo il processo di vendita dei propri prodotti, ma anche il pagamento con paypal, la consegna digitale automatica del prodotto e la protezione dei link di download del prodotto stesso.

Queste piattaforme o sistemi ecommerce grazie alle loro funzioni molteplici e avanzate specifiche per il business online, diventano oltre che indispensabili per un web marketer, anche un "Toccasana" in quanto svolgono il lavoro 24 ore su 24 in maniera veloce e automatizzata, facendo risparmiare notevole tempo e risorse, oltre che "donare" un immagine e brand professionale di maggior valore al venditore stesso.

Ci sono diverse soluzioni, gratuite e a pagamento. Ovviamente le soluzioni gratuite hanno dei limiti e vanno bene per esigenze abbastanza ristrette e circoscritte. Le soluzioni a pagamento offrono funzioni molto più avanzate, largo spettro d'utilizzo e una vera e propria centralizzazione del tuo business capace di automatizzare le vendite che potresti fare da diversi tuoi siti web, con diversi prodotti, nicchie e cataloghi, facendoti gestire il tutto da un'unica postazione e pannello di controllo.

Tutte in genere integrano il sistema di pagamento paypal, anche in forma più avanzata. Le soluzioni gratuite che mi sento di consigliarti sono le seguenti: **Prestashop, Oscommerce, Zencart, Cubecart.**

Purtroppo sono tutte legate a un proprio "store" o negozio, e quindi possono gestire solamente l'ecommerce del relativo sito lato "Utente". La migliore risulta essere Prestashop e puoi tranquillamente installare questi negozi online pronti per essere utilizzati in pochi secondi direttamente dalla suite Softaculos e Quickintall incluse nei servizi di hosting professionali di cui abbiamo parlato in precedenza:

http://www.soluzione-host.net

http://www.hostgator.com

Se invece il tuo business non è circoscritto a un unico negozio online, sito web e nicchia di mercato, le esigenze sono maggiori.

Serve qualcosa che da un unico pannello di gestione, ti permetta di gestire e automatizzare le vendite di diversi prodotti o catalogo prodotti, e in maniera totalmente indipendente dai siti web, domini e sotto-domini che utilizzerai per promuovere tali prodotti.

Per questo motivo nel 2010 ho realizzato una piattaforma e-commerce che potesse soddisfare tutte le esigenze di un web marketer, sia per quanto riguarda la vendita di prodotti fisici che digitali. Ho ideato e lanciato sul mercato la piattaforma WEScart, una soluzione di tipo "hosted" ovvero senza bisogno di installazione sul tuo Pc o spazio web, con una vasta gamma di funzionalità avanzate per il marketing, manualistica e video in italiano ovviamente.

Non mi dilungo inutilmente a descrivere le funzionalità e le caratteristiche di questa soluzione ecommerce a pagamento. È già disponibili gratuitamente un manuale di oltre 250 Pagine e circa 3 ore di Videotutorial che mostrano quali sono le caratteristiche di WEScart e come utilizzarne le funzioni integrate.

Per maggiori informazioni, per scaricare gratuitamente Manuali, e visualizzare i VideoTutorial formativi, visita il sito ufficiale: http://www.wescart.com

Sicuramente, l'esigenza di passare da un semplice pulsante paypal, a un sistema ecommerce per gestire e automatizzare le tue

vendite, arriverà molto presto anche per te. Tieni conto di questi suggerimenti quando valuterai quale soluzione adottare per il tuo business.

RIEPILOGO DEL GIORNO 5:

- SEGRETO n. 1: Puoi pubblicare i tuoi libri e i tuoi ebook attraverso veri e propri editori a costo zero.
- SEGRETO n. 2: Grazie al Web 2.0 hai diverse possibilità di pubblicare e vendere i tuoi prodotti a costo zero e con grandi potenzialità di guadagno.
- SEGRETO n. 3: Scrivere e vendere un ebook significa avviare una vera e propria macchina generatrice di guadagni costanti e automatizzati.
- SEGRETO n. 4: È necessario che una cover o "copertina virtuale" aggiunga quel valore che il tuo prodotto inevitabilmente perde per non essere "tastabile".
- SEGRETO n. 5: Creare audiocorsi e videocorsi ti permette di stuzzicare la curiosità delle persone, oltre che di creare tuoi prodotti in poco tempo.
- SEGRETO n. 6: Se lo utilizzi nel modo giusto, PayPal ti permette di far fruttare il tuo business in totale sicurezza e versatilità.

GIORNO 6:
Come creare il tuo business multiplo

Nei primi capitoli di questo ebook ho solamente accennato al "business multiplo". Il *business multiplo ti permette di gestire diversi progetti relativi al tuo business*, ma sempre e comunque con un solo obiettivo: guadagnare degli introiti. Ti ho parlato di tre programmi di affiliazione validi, attraverso i quali puoi iniziare subito a impostare un tuo piano di marketing.

Puoi decidere di iniziare a lavorare da casa tramite internet semplicemente affiliandoti a Zanox e, dopo aver impostato le giuste strategie, mettere a punto seriamente un piano marketing con impegno e forza di volontà. Guadagnerai? **Certamente.**

Puoi decidere invece di iniziare a lavorare da casa tramite internet semplicemente affiliandoti a Clickbank e dopo aver impostato le giuste strategie, mettere a punto seriamente un piano marketing con impegno e forza di volontà. Guadagnerai? **Certamente.**

Oppure puoi decidere di iniziare subito il tuo business nel mondo dell'info-marketing e affiliarti ad Autostima.net, sfruttando l'enorme potenziale che offre questa società leader in Italia nel campo delle affiliazioni e degli infoprodotti. Guadagnerai? **Certamente.**

Puoi decidere anche di iniziare a lavorare da casa tramite internet non affiliandoti alle società che ti ho indicato, ma semplicemente iniziando a scrivere ebook, oppure creando dei videocorsi o audiocorsi e, dopo aver impostato le giuste strategie, potrai mettere a punto seriamente un piano marketing con impegno e forza di volontà. Guadagnerai? **Certamente.**

Ma **cosa succede se unisci queste quattro opzioni e ne fai una "scelta multipla"?** Succede che decidi di affiliarti sia a Zanox, sia a Clickbanck che ad Autostima.net, in modo che, mentre il tuo piano marketing basato sulle affiliazioni inizierà a lavorare per te creando una sorta di "macchina di guadagno" completamente autonoma e automatizzata, tu comincerai a creare e a vendere i tuoi prodotti come ebook, videocorsi e audiocorsi, impostando un piano marketing strategico per ottimizzare le256vendite con impegno e forza di volontà.257Guadagnerai? **Certamente.** Le tue probabilità di guadagno saranno molto più alte e la "quantità" di guadagno sarà maggiore. Perché?

SEGRETO n. 1: Un marketing di successo dipende da un'impostazione del lavoro basata sul "business multiplo", che segue uno "schema vincente".

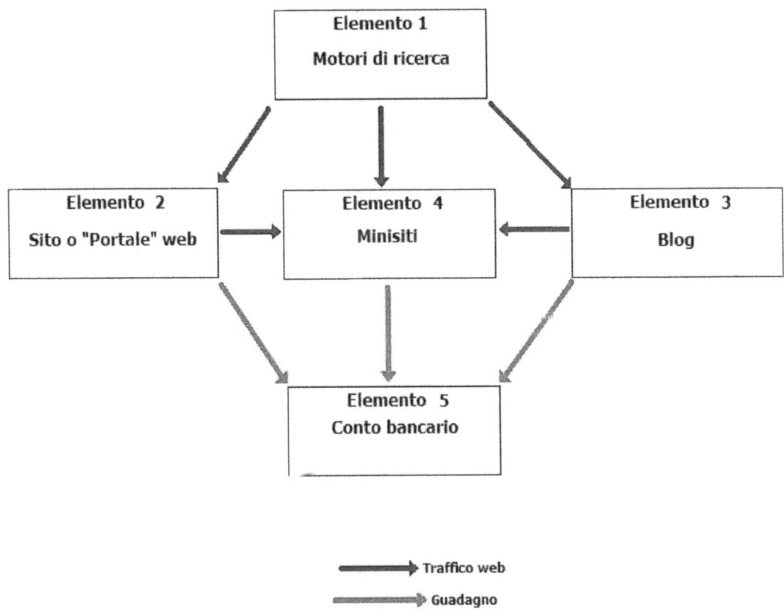

Questo schema ti dà l'idea di quale straordinaria potenzialità offre un lavoro basato sul business multiplo. Tutti gli elementi che compongono il tuo business multiplo lavorano in perfetta sinergia l'uno con l'altro, creando una sorta di *rigenerazione a ciclo continuo* in termini di traffico web e quindi un continuo *ciclo di probabilità*, che ti permetterà di generare *flussi di guadagno costante*. Ora, attraverso l'analisi dettagliata dello "schema vincente", ti spiegherò come puoi impostare il tuo business.

Elemento 1: motori di ricerca

Senz'altro ne hai capito la funzionalità e l'enorme importanza che hanno per il tuo business. I motori di ricerca permetteranno agli oltre 300 milioni di navigatori web di trovarti! Troveranno quello che stanno cercando e che probabilmente tu hai loro da offrire. Ti ho spiegato come usare strategie adeguate per **indicizzarti in modo ottimale all'interno dei motori di ricerca**; **è essenziale** che tu lo faccia!

Elemento 2: il tuo portale web

Crea un sito web (non un minisito) con l'obiettivo di fornire alle persone un "portale" che permetterà loro di trovare le migliori offerte per i loro acquisti, oppure le informazioni che stanno cercando. Segui tutti i suggerimenti che ti ho dato riguardo la scelta del nome del sito stesso, per esempio *www.offerte-migliori.com* ti porterà senz'altro più traffico con meno sforzo rispetto a *www.ilmioportale.com*.

Crea diverse categorie e inserisci all'interno di ciascuna categoria il banner o link attinente, per il quale ti sei affiliato attraverso Zanox. Avrai così un portale di oltre 16 pagine (categorie) pieno zeppo di banner che indirizzeranno il visitatore all'acquisto di un prodotto o servizio per il quale tu percepirai una commissione. Non solo, ma creando categorie come: «Lavoro da casa», «Notizie e informazioni», «Servizi internet» puoi indirizzare i visitatori direttamente ai tuoi minisiti, tramite i quali vendi i tuoi ebook, i tuoi videocorsi ecc.

Puoi anche sfruttare questa strategia per indirizzare i visitatori verso il tuo **blog**, dove troveranno recensioni sui tuoi prodotti, oppure direttamente sul tuo minisito, dove magari descrivi in italiano un software che rivendi come affiliato Clickbank (usa semplicemente un traduttore online per questo lavoro).

Non solo, ma puoi sfruttare alcune categorie del tuo portale web per indirizzare l'attenzione dei visitatori verso gli infoprodotti di Autostima.net, con la quale collabori come affiliato. Quindi questo secondo elemento – ma in realtà tuo primo strumento di business – non solo ti porterà subito dei guadagni, ma sarà uno straordinario strumento pubblicitario gratuito verso i tuoi prodotti!

SEGRETO n. 2: Il tuo portale web agevola il tuo business multiplo generando guadagni e nello stesso tempo traffico e pubblicità verso i tuoi prodotti "target".

Elemento 3: il tuo blog

Le enormi potenzialità del tuo blog le hai capite leggendo i capitoli precedenti.

SEGRETO n. 3: Il blog è uno strumento potentissimo che puoi usare anche per farti pubblicità o generare traffico verso il tuo sito web e/o minisiti.

Attraverso il blog *crei un tuo ambiente di discussione su*

argomenti che scegli tu, per i quali sei adeguatamente preparato. Puoi coinvolgere moltissime persone che potranno interagire con te proprio attraverso il blog; instaurerai così con loro un rapporto di fiducia.

Poi strategicamente inserirai nella pagina web del blog stesso tutti i link che vorrai: link indirizzati verso il tuo portale web o sito web, verso il tuo minisito che descrive uno specifico prodotto attinente l'argomento di discussione, oppure verso prodotti o servizi dei tuoi affilianti o più semplicemente verso la pagina di iscrizione alla tua mailing list. Anche se non direttamente, il tuo blog ti permetterà di generare guadagni.

Elemento 4: i tuoi minisiti

I tuoi minisiti contribuiranno a conseguire il risultato del lavoro che hai svolto e continui a svolgere, mentre i guadagni derivanti dalle affiliazioni continueranno ad arrivare, anche se tu ti stai dedicando ad altri progetti. Hai creato cinque nuovi ebook? Bene, cinque minisiti lavoreranno per te 24 ore su 24, supportati dal traffico pubblicitario derivante dagli elementi 2 (tuo portale web) e 3 (blog). Non è fantastico?

Crea quindi diversi minisiti, ognuno dei quali venderà un tuo ebook o un tuo videocorso oppure un tuo audiocorso. Non solo, realizza anche dei minisiti di vendita per ciascuno dei prodotti che vendi attraverso l'affiliazione con Clickbank. Puoi benissimo tradurre il minisito originale del produttore e prendere spunto dal contenuto per realizzare un minisito in italiano. Del resto anche noi utilizziamo software in lingua inglese se sono realmente semplici e funzionali! È una strategia da usare, visto che puoi fare affidamento sulle alte percentuali di commissioni di vendita offerte da Clickbank, che arrivano al **75%**.

SEGRETO n. 4: I tuoi minisiti, se supportati dal traffico pubblicitario degli altri elementi, svolgeranno a pieno regime il loro compito primario: la vendita diretta.

Impostando un business multiplo crei in realtà un potente strumento di guadagno che convoglierà gli introiti verso:

Elemento 5: il tuo conto bancario.

Diversi elementi, diversi obiettivi primari, ma tutti con lo stesso obiettivo finale: generare flussi di guadagno costante verso il tuo conto bancario. Ovviamente **il lavoro da fare per impostare correttamente il tuo business multiplo è notevole**: creare siti, minisiti, impostare correttamente un ritorno pubblicitario efficace, gestire la propria mailing list; insomma, non è facile! Infatti, chi asserisce il contrario ti sta solo prendendo in giro. Chi cerca di attirare la tua attenzione con frasi del tipo: «Guadagna facilmente attraverso internet mentre sei al mare o in vacanza» oppure «Guadagna subito 300 € al giorno» o frasi del tipo «Come guadagnare 35.000 € in una settimana» è un incompetente in materia di internet marketing. Il mondo del business online richiede pazienza e buona volontà.

SEGRETO n. 5: Se inizi e continui a lavorare bene e seriamente utilizzando le giuste strategie, stai tranquillo che avrai un ritorno economico che ti porterà grandi soddisfazioni!

Ma se prendi seriamente e a cuore ciò che stai facendo, e continui a farlo con passione e dedizione, il piano marketing che hai appena avviato non solo può essere per te un secondo lavoro, non solo può permetterti di guadagnare introiti e profitti extra, ma potrà diventare nel futuro il tuo primo e unico lavoro! Diversi marketer hanno iniziato lavorando 8-10 ore al giorno, molte volte anche dopo il loro lavoro principale, per portare avanti il loro piano marketing; ma ora si ritrovano a lavorare solo 3 ore al giorno, giusto il necessario per controllare il loro piano marketing. E fanno solo quello! Questo è stato possibile anche grazie al "business multiplo" e grazie all'applicazione dello "schema vincente".

Ci sono diversi web marketer, che hanno imperniato la loro attività online su più fronti, creando un vero e proprio business multiplo. Essi vendono Ebook, corsi o Videocorsi, e nello stesso tempo seguono anche la vendita in affiliazione di prodotti fisici di svariate categorie e nicchie di mercato.

Realizzano siti web tematici, e inseriscono al loro interno contenuti interessanti, risorse gratuite per poi farli monetizzare in maniera automatica attraverso la pubblicità, Google AdSense o le affiliazioni inerenti all'argomento trattato.

Tuttavia un business multiplo deve essere sempre affiancato da una **massiccia campagna pubblicitaria**. Quindi ora ti mostro diverse strategie per **pubblicizzare il tuo marketing a costo zero**, sfruttando tutto ciò che il Web 2.0 ti mette a disposizione.

«*La pubblicità è l'anima del commercio*» ed è una sacrosanta verità! Infatti, devi sapere che tu, attraverso il tuo business, puoi anche offrire i migliori prodotti o servizi e avere i minisiti più belli sulla rete, ma, a meno che non ti poni il problema di promuoverli, tutti i tuoi sforzi non serviranno a niente, perché nessuno tra quei 300 milioni di navigatori conoscerà i tuoi prodotti.

SEGRETO n. 6: Se non impari a farti pubblicità e a promuovere i tuoi prodotti in maniera efficace, il tuo business online non vivrà a lungo.

Con la promozione e la pubblicità puoi sviluppare costantemente il tuo business e ampliare le tue aspettative. **Farti pubblicità gratuitamente è oggi possibile** se sfrutti al meglio le possibilità che il Web 2.0 ti fornisce. Ti ho parlato di circa 300 milioni di utenti su internet in cerca di qualcosa e tieni presente che il numero di utenti è in continua crescita, anno dopo anno.

Questo vuol dire che vi è un enorme potenziale di guadagno a disposizione del tuo business e dipende da te cogliere pienamente queste potenzialità FACENDO CONOSCERE I TUOI PRODOTTI A PIÙ PERSONE POSSIBILI. Devi "spargere la voce", usare il vecchio ma efficientissimo metodo del "passa parola" sul tuo business e sui tuoi servizi o prodotti.

Voglio a questo proposito rivelarti alcune **strategie** che ti garantiranno di aumentare il **traffico verso il tuo sito** e che soprattutto ti permetteranno di aumentare in maniera **consistente gli iscritti alla tua mailing list** (aspetto importantissimo, come hai certamente capito leggendo il capitolo riguardante la mailing list), auto-pubblicizzando il tuo business a costo ZERO.

1. **Crea online un'area gratuita** che contenga, ad esempio, interessanti articoli, ebook, strumenti ecc. I visitatori trovando abbondante materiale di cui occuparsi, sicuramente ritorneranno in futuro sul tuo sito e intanto avranno parlato

delle risorse gratuite da te messe a disposizione ad almeno cinque loro amici che sicuramente visiteranno il tuo sito. Creare aree gratuite ricche di risorse può inoltre aumentare la tua immagine professionale agli occhi dei visitatori, che inevitabilmente prenderanno più in considerazione i tuoi prodotti.

2. Per incrementare le iscrizioni puoi inserire sul tuo sito internet delle **finestre pop-up** che appaiono all'entrata o all'uscita dal sito. Posso dire che le finestre pop-up sono uno degli strumenti più efficaci del marketing, ma spesso vengono considerate "antipatiche" da parte dell'80% degli utenti del web. Quindi usa finestre pop-up non troppo invasive e opta per software che ti danno la possibilità di creare finestre pop-up che non possono essere "bloccate" automaticamente. Inscrisci nella pop-up un box per l'iscrizione alla tua mailing list, un form da compilare per la presentazione di cinque amici in cambio di un omaggio, oppure un link a un tuo prodotto in offerta speciale.

Un prodotto molto valido a tale scopo si chiama **EPG** in

versione italiana e branderizzabile, disponibile sul catalogo del sito www.creailtuobusiness.net. Questo script lancia una popup completamente personalizzabile solo quando il visitatore sta per abbandonare la pagina, risultando molto meno invasivo e più “intelligente” in questo senso.

3. **Inserisci sul tuo sito dei contenuti gratuiti a disposizione dei visitatori.** Questi contenuti possono informare in cosa consiste il tuo business, possono dare consigli utili per impostare un business online, può trattarsi di minicorsi su argomenti attinenti oppure di semplici contenuti o articoli interessanti. Dai la possibilità a chi si avvale di questi contenuti gratuiti di poterli ridistribuire; così facendo provocherai un effetto virale, perché i tuoi visitatori automaticamente passeranno questi contenuti a qualcuno e a loro volta questi lo passeranno ad altri e poi ad altri ancora e così via, fino a creare una vasta campagna pubblicitaria automatizzata e proficua.

4. L’**article marketing** è un ottimo sistema per generare traffico sul tuo sito senza alcuna spesa di promozione. Consiste nello

scrivere degli articoli, includendo negli stessi dei link al tuo sito. Crea quindi diversi articoli interessanti che andrai a pubblicare in qualsiasi *article directory* presente sul web (ossia un archivio di articoli online), dove gli utenti interessati possono andare a leggerli. Per trovarne basta fare una semplice ricerca su Google utilizzando parole chiave come «articoli» oppure «article directory». Questo ti permetterà di generare più traffico verso il tuo sito, ma *traffico di qualità*, perché in questo caso la pubblicità è "mirata" a quegli utenti che chiaramente sono interessati agli argomenti trattati nei tuoi articoli, che ovviamente avrai creato in attinenza con il tuo business. Più sono i luoghi in cui pubblichi il tuo articolo, maggiore probabilità avrai di generare traffico verso il tuo sito.

5. **Offri in omaggio ai tuoi visitatori un ebook.** Potresti inserire nell'ebook link e descrizioni riguardo ai tuoi prodotti o servizi, oppure includere link che portino a prodotti di altri che vuoi pubblicizzare come affiliato. Concedi ai visitatori di diffondere l'ebook e di passarlo ad altre persone. Questo metodo ha un ottimo effetto virale e ti consente, oltre che di

creare la tua mailing list, di generare traffico e pubblicità verso i tuoi siti “target”.

6. Usa nella giusta maniera lo **scambio di link**. Questo metodo, comunemente usato, si basa sullo scambio di link fra due persone che di comune accordo decidono di pubblicare sul proprio sito il link del sito internet dell’altro. Questa metodologia ti permette non solo di aumentare il traffico verso i tuoi siti, ma anche di migliorare il tuo *page ranking* sui motori di ricerca. Questo perché molti motori di ricerca considerano il tuo sito interessante se ha un’alta *link popularity* (ossia si basano sulla popolarità del tuo link).

   Ovviamente usa questo metodo se hai un sito web studiato e ideato appositamente come “portale” di informazioni e/o servizi. **Non usare lo scambio di link sui tuoi minisiti**. Ti ho infatti spiegato quali sono le ragioni per cui i minisiti hanno il loro successo e inserire dei link esterni non può che avere un effetto controproducente per il tuo business online.

Veniamo ora a un punto cardine della pubblicità. Visita il sito www.ebay.it. **eBay conta oggi più di 200 milioni di iscritti in tutto il mondo!** Sai cosa significa questo? Significa che se usi il portale eBay per pubblicizzare il tuo business, sarai visibile SUBITO ad oltre 200 milioni di persone che potranno iscriversi alla tua newsletter e/o acquistare *subito* i tuoi prodotti. Quindi se non sei ancora iscritto a eBay fallo, visto che è gratuito.

Come puoi sfruttare al meglio eBay per pubblicizzarti?

È risaputo che eBay da alcuni anni ha bandito la vendita di prodotti digitali attraverso la propria piattaforma. Il motivo per cui eBay ha preso questa decisione è stato oggetto da parte mia di studio e considerazioni molto approfondite che puoi trovare nel mio **Corso Web Marketing PRO**, di cui le informazioni sono reperibili sul sito ufficiale www.corsowebmarketingpro.com

Puoi comunque sfruttare la *tua pagina personale eBay*, uno strumento che eBay offre gratuitamente, ma che pochissimi utenti utilizzano! Inserisci all'interno di questa pagina una descrizione del tuo marketing, una descrizione dei tuoi prodotti con il relativo collegamento al sito dedicato e, cosa molto importante, inserisci il box per dare la possibilità ai visitatori di iscriversi alla tua

Newsletter. La pagina personale così strutturata sarà un minisito completo visibile subito da 200 milioni di persone.

Oltre a questo, quando utilizzerai eBay per vendere altri tuoi prodotti, nuovi o usati, d'importazione o di qualsiasi altro genere, inserisci nelle relative inserzioni un link che reindirizzi il visitatore alla tua pagina personale.

Un'altra strategia vincente per ottenere una **ramificazione pubblicitaria automatizzata** è scrivere una miniguida in formato HTML utilizzando Frontpage, NVU oppure Kompozer, e caricala sul tuo server come un vero e proprio minisito. Cosa scrivere? Ora ti faccio un esempio da cui potrai prendere spunto e dal quale potrai capire la potenzialità e l'efficacia di questa strategia. Osserva *bene* il contenuto e soprattutto le parti evidenziate di questa guida che ti riporto come esempio:

«Caro online Marketer,
molte sono le fonti che promettono di farti guadagnare online. Se ne parla ovunque: in siti web, blog, eBay ecc. Gli strumenti migliori per crearti effettivamente una vera e propria attività

online e generare guadagni reali sono i programmi di affiliazione. Non sempre però i guadagni arrivano come ti aspetti e questo per due fondamentali motivi:

MOTIVO 1

Poco impegno da parte tua... Non credere a chi ti dice che puoi guadagnare online senza dover fare niente, magari mentre sei al mare o in vacanza... Niente di più falso! Ci vogliono vero impegno e determinazione, almeno nel primo periodo. Poi, se magari trovi un serio programma di affiliazione che ti permette di far iscrivere altri come tuoi subaffiliati e guadagnare una percentuale sulle loro vendite – e quindi sul loro lavoro –, allora guadagnare online senza dover fare niente, magari mentre sei al mare o in vacanza... potrebbe diventare una realtà! Questo sempre se i tuoi subaffiliati saranno numerosi e soprattutto volenterosi nel lavoro che svolgeranno.

MOTIVO 2

Troppa concorrenza. È il risultato di migliaia di iscritti allo stesso programma che pubblicizzano gli stessi prodotti per cercare di strappare la tanto e sospirata commissione.

Personalmente mi sento di scartare a priori la prima motivazione, per il semplice fatto che se tu vuoi realmente costruirti un business online cercando di generare guadagni costanti... quando decidi di iscriverti a un programma di affiliazione IL TUO IMPEGNO CE LO METTI ECCOME!

Il reale problema è un altro: ormai siamo giunti a un livello di SATURAZIONE. La maggior parte delle affiliazioni disponibili oggi sono programmi di vecchia data, che ormai hanno già dato i loro risultati in termini di guadagno ai loro PRIMI affiliati... Già, troppi iscritti e affiliati di vecchia data che pubblicizzano ovunque i prodotti della società affiliante danno come risultato ciò che segue: migliaia e migliaia di pagine web e link pubblicitari in giro per la rete web.

Tasso di conversione in vendite che da 5% di qualche anno fa è ormai passato a 1-1,5%. In altre parole i primi affiliati hanno guadagnato bene, mentre gli ultimi affiliati, nonostante ore ed ore dedicate a pubblicizzare e ripubblicizzare, non hanno guadagnato e difficilmente guadagneranno.
QUESTO PERCHÉ CI VOGLIONO NUOVI STRUMENTI!! CI

VUOLE QUALCOSA DI NUOVO CHE TI PERMETTA DI GUADAGNARE ONLINE SENZA COMBATTERE CON UN'ECCESSIVA CONCORRENZA..... MA GRAZIE A QUESTA GUIDA VERRAI A CONOSCENZA DI NUOVI STRUMENTI NATI PER AVVIARE IL TUO NUOVO «BUSINESS ONLINE 2008». INFATTI... COSTRUIRE REALI PROFITTI ATTRAVERSO INTERNET È POSSIBILE.

Bisogna però avere e saper usare gli strumenti GIUSTI! Quindi dovresti iniziare a passare al setaccio le migliaia di risorse disponibili sul web e scegliere quelle che ti permetteranno di iniziare a costruire qualcosa di concreto per un costante guadagno tramite internet. Questa guida ti offre tutti gli strumenti necessari per costruire un piano di Marketing Online automatizzato che porti profitti reali, sicuri, continui... e duraturi!

Cominciamo subito... Prima di tutto ti servono delle risorse gratuite che ti permetteranno di impostare, gestire e migliorare notevolmente il lavoro che svolgerai come "marketer".

Eccole:

Inserisci qui il link che porta alla pagina di iscrizione della tua mailing list.

Ora hai bisogno di un programma di affiliazione NUOVO, che ti permetta di pubblicizzare prodotti nuovi. Un programma che non ti iscriverà come "affiliato n.1757", col rischio di perdere tempo a pubblicizzare prodotti che altri 1756 affiliati pubblicizzano già attraverso internet. INIZIA SUBITO A GUADAGNARE con un NUOVO programma di affiliazione (nato e ufficialmente partito ad ottobre 2007). Ecco la descrizione dettagliata: descrivi dettagliatamente il programma di affiliazione al quale il visitatore andrà ad iscriversi, ovviamente come tuo subaffiliato.

Per te l'iscrizione al programma è GRATIS, non costa nulla! Perciò iscriviti subito: **inserisci qui il link affiliato che permetta al visitatore di iscriversi come tuo subaffiliato.** *Ora non devi fare altro che utilizzare un* **conto online gratuito** *che ti permetta di gestire i tuoi guadagni, ricevere i pagamenti delle commissioni e trasferire il tuo denaro sulla tua* **carta di credito** *ricaricabile oppure sul tuo conto bancario.*
Ecco lo strumento che ti serve. Sapevi che con PayPal puoi dare

il via al tuo business in modo veramente proficuo? E per di più questo potentissimo strumento è per te GRATUITO! Dopo che avrai effettuato la registrazione a ***PayPal****, potrai iniziare subito ad accettare pagamenti con carta di credito.*

Come servizio di pagamento online numero uno al mondo, PayPal è il metodo più veloce per aprire le porte ad oltre 150 milioni di conti aperti in tutto il mondo. eBay preferisce PayPal. Registrati. È completamente gratuito. ***Inserisci qui il link affiliazione Bonus commercianti PayPal.*** *Bene, ora che hai tante risorse gratuite, un nuovo programma di affiliazione e il conto su cui ricevere i pagamenti, non resta che trovare il modo di pubblicizzare i prodotti e guadagnare le commissioni. Per fare questo con successo devi sfruttare al massimo tutte le potenzialità disponibili e* ***devi farlo ora*** *che il programma di affiliazione è appena partito e tu sei uno dei primi affiliati!*

Il modo migliore per farlo è quello di creare un sito (o tanti minisiti) sul quale indirizzare l'attenzione della maggior parte dei visitatori e per far questo è necessario un servizio di Hosting web che ti offra tutti i servizi necessari alla tua attività, naturalmente al minor costo possibile (se vuoi realmente iniziare una seria attività di lavoro online evita di impostarlo su servizi di web hosting gratuiti). Ecco quello che ti serve:

IL MIGLIOR SERVIZIO DI HOSTING A BASSO COSTO. Vuoi creare e pubblicare un tuo sito web, oppure i tuoi minisiti? Sia che tu voglia farlo per creare un business online oppure no, un buon sito web deve essere supportato da un buon piano hosting. Acquista subito il servizio.
Inserisci qui il tuo link affiliato che permetta al visitatore di iscriversi al servizio di hosting web da te pubblicizzato.

Sapevi che attraverso nuove strategie puoi triplicare le visite verso il tuo sito web a costo zero? Non ci credi? Guarda.
Inserisci qui il link che indirizza verso il tuo minisito dedicato alla vendita di un ebook che tratta il soggetto.
Sapevi che... ***Inserisci qui il link che indirizza verso il tuo minisito dedicato alla vendita di un ebook che tratta il soggetto.***

Altre risorse utili.
LINK UTILI (inserisci altri link di prodotti o servizi che

pubblicizzi come affiliato).

Ora **analizziamo attentamente insieme l'esempio**. Lo *scopo* della guida è quello di *fornire informazioni utili* a chi vuole iniziare a guadagnare con internet lavorando da casa (ovviamente è una bozza semplice e incompleta). Ogni elemento evidenziato corrisponde a un link che indirizzerà il lettore verso un prodotto o un servizio che a te porta un guadagno.

Per esempio, se ti sei affiliato a Zanox (ben descritto nel capitolo riguardante le affiliazioni) puoi **inserire i tuoi link affiliato**, che indirizzeranno il lettore verso il servizio da te pubblicizzato e che permetterà di aprire un conto online a zero spese, oppure a sottoscrivere un contratto per una carta di credito, oppure ad acquistare un servizio di web hosting che gli servirà per pubblicare i suoi minisiti. Tu percepirai delle commissioni per questo! Guadagnerai! Un altro link permetterà al lettore di iscriversi a PayPal e iniziare ad utilizzarlo per ricevere pagamenti, e tu potrai usufruire del *buono presentazione commercianti*, così guadagnerai!
Altri link ancora possono indirizzare il lettore al tuo minisito, in

cui proponi l'acquisto dell'ebook da te creato, oppure da te pubblicizzato come affiliato di Autostima.net. Se il lettore lo acquista tu guadagnerai! Puoi aggiungere una **lista di "link utili"** per i quali riceverai una commissione basata su *pay per click*. Guadagnerai!

In quest'esempio ho notevolmente "ristretto il campo" perché, ovviamente, sarebbero necessari molti più dettagli e quindi molte più pagine; ma il punto principale è che questa guida ti porta dei guadagni. **Una guida in HTML e pubblicata come minisito può essere facilmente aggiornata ogni volta che vuoi**, aggiungendo nuovi link ai tuoi prodotti o ai prodotti che pubblicizzi mediante programmi di affiliazione.

Come distribuirla? Offrila gratuitamente a tutti gli iscritti alla tua mailing list e dai la possibilità a ognuno di redistribuire la tua guida come risorsa gratuita per i loro iscritti o visitatori. **Specifica loro che la guida è sempre aggiornata** (ad aggiornarla sarai tu) e che, quindi, ha un gran valore, visto che si tratta di una risorsa che non "invecchia mai". Informali che possono vendere la guida attraverso eBay, sfruttando il fatto che non dovranno spedire niente all'acquirente, ma semplicemente inviare il link per visualizzare la guida attraverso internet.

Non è importante per te come la tua guida sarà distribuita, ma è importante il fatto che sia distribuita velocemente a più persone possibili! E ti posso assicurare che grazie a questa strategia il tuo business si estenderà a "macchia d'olio", in maniera incredibilmente veloce.

Moltissimi **aspiranti marketer sono a caccia di ebook** o guide aggiornate da poter distribuire subito come risorsa gratuita per guadagnare l'interesse di potenziali iscritti o semplici visitatori. Perché farli aspettare? Puoi immaginare quante persone cliccheranno i link in essa contenute? Puoi immaginare quanto traffico sarà indirizzato ai tuoi minisiti? Puoi immaginare quante probabilità avrai di percepire commissioni per prodotti e sevizi che pubblicizzi attraverso i link in essa contenuti? E quante **commissioni per i click** percepirai grazie ai LINK UTILI?

Posso confermarti che alcune mie vecchie guide gratuite realizzate nel 2007 continuano tuttora a generare click e visite ai miei siti!

Puoi creare una "macchina" pubblicitaria anche partecipando ai **forum di discussione**. Perché è importante partecipare ai forum di discussione? Semplice: perché potrai instaurare un buon rapporto con altri visitatori del forum che potrebbero diventare **i tuoi iscritti**! Come? Inserendo come **firma** il link che porta alla pagina di iscrizione alla tua mailing list. Renditi conto che la tua firma sarà aggiunta ad ogni messaggio del forum. **Non puoi neanche immaginare che enorme ritorno pubblicitario avrai verso la tua mailing list**.

Quindi tieni presente questi aspetti. In qualsiasi momento tu veda un forum, un post o un articolo interessanti, leggili e studiali per bene, approfondisci l'argomento. Renditi in grado di dare una risposta soddisfacente, guadagnati il rispetto e la stima dei partecipanti al forum e non dimenticarti di inserire la **firma magica**. Ti faccio un esempio: *«Cerchi Corsi, Guide Professionali in Italiano e risorse gratuite per lavorare online? Fai un giro qui: http://iltuosito.com/Ebook3.html»*.

Partecipare a **blog, forum e newsgroup** offre una visibilità notevole e accresce la propria "popolarità" nel web. Tuttavia molte persone postano soltanto messaggi spam, cercando di vendere in aree in cui, tra l'altro, è esplicitamente vietato dai regolamenti. Ricorda: in questi casi **l'obiettivo NON È VENDERE, ma FARSI CONOSCERE**! Ecco un altro esempio corretto di firma in un blog o in un forum: *«Saluti a Tutti da [...]* http://www.tuosito.com. *PS: nel mio sito ci sono alcune utili risorse gratuite da scaricare».*

Postare in forum e blog, rispondere alle domande degli altri ed essere coinvolti in una discussione online ti permette di ottenere molto traffico e di farti conoscere da un determinato pubblico. Nel capitolo riguardante il tuo blog hai senz'altro capito quale potere pubblicitario può avere un blog per "spalleggiare" il tuo marketing. Oltre a ciò, i motori di ricerca amano i forum di discussione, soprattutto quelli molto popolari e trafficati. Basta anche postare un solo messaggio con un link al tuo sito o alla pagina di iscrizione della tua mailing list incluso nella tua firma, per ritrovarti indicizzato nei motori di ricerca.

Utilizza le **email per pubblicizzarti**. Spam? No, assolutamente no! *Fare spam nel mondo del marketing oltre che essere un reato significa etichettarsi come «non serio»*. Per farti pubblicità senza fare spam usa lo stesso principio applicato nei forum di discussione. **Crea e imposta una tua firma personalizzata e usala per tutte le tue email in uscita**. Ogni email che invii può essere portatrice di informazioni: la firma dell'email, se ben composta, ha una grandissima valenza promozionale, quindi metti sempre una firma che possa portarti visite; ad esempio, se hai più siti web, cita tutti i tuoi siti.

Puoi anche preparare delle email un po' più "mirate", senza dare l'impressione di inviare messaggi spam, da utilizzare per gli iscritti alla tua mailing list oppure amici, conoscenti, altri con cui hai avuto contatti dopo le vendite eBay o qualche acquisto che hai effettuato.

Non attenderti grandi risultati: generalmente un mailing diretto non ottiene mai oltre il 2-3% di ritorno, ciò significa che se mandi 100 email e ottieni 2-3 potenziali iscritti è già un risultato soddisfacente. Di seguito ti propongo alcune idee per poter scrivere un'email commerciale in modo corretto:

«Ciao, sono [...], ho trovato un catalogo di Software e guide in italiano davvero interessanti e ho pensato che potrebbero interessare anche a te; dai un'occhiata, che ne vale la pena!
http://www.sitoweb.com/catalogo.html
(se non appare cliccabile fai copia e incolla nel browser)
PS: chiaramente per qualsiasi chiarimento puoi scrivermi una email a questo indirizzo info@tuaemail.com, ok?
Un Saluto»

Come evitare che i tuoi messaggi risultino come spam? Se il tuo messaggio non è stato composto in modo "strategico" è molto probabile che venga intercettato come spam da molti sistemi e che il destinatario non legga mai l'email che gli avevi inviato con obiettivi precisi. Ti posso suggerire alcuni accorgimenti che certamente riducono sensibilmente la probabilità che si verifichi questa eventualità:

- Evita parole come **Gratis, Offerta, Sconto, Promozione, Regalo** o in generale termini che riconducano a promo, vendite ecc.

- Non usare parole che richiamino attività illecite: gioco d’azzardo, sesso ecc.

- Non usare eccessivamente lettere maiuscole, soprattutto nell’oggetto del messaggio.

- Evita lunghi segni di punteggiatura grafica; ad esempio:

>>>>>>>>>>>**leggi qui**<<<<<<<<<<<<<

è molto più probabile che venga intercettata rispetto a questa forma:

>**leggi qui**<

- Se devi usare parole “sospette”, mascherale sostituendo o cambiando dei caratteri; ad esempio:

“Gr@tis” invece di “Gratis”;

“G[*spazio*]uadagnare” invece di “Guadagnare”;

“0fferta” (zero al posto di o) invece di “Offerta”.

Queste piccole tecniche possono darti un grande aiuto a far sì che le tue email arrivino a destinazione.

Pubblicizzati in modo "diretto" e per far questo usa anche altri canali oltre a quello di internet. Ricorda che più pubblicità farai, migliori risultati potrai ottenere. Inserisci delle **inserzioni su giornali locali di annunci**: poco costosi (se non gratuiti), ti permettono di reclamizzare il tuo sito web anche "su carta"; non c'è da attendersi molti risultati, ma è un modo per velocizzare ulteriormente l'effetto "ramificazione".

Stampa dei **biglietti da visita** che riportino tutti gli indirizzi dei tuoi minisiti e lasciane qualcuno quando ti rechi in posti di interesse pubblico. Se siamo intelligenti e il messaggio è immediato, chiaro e attira l'attenzione, avremo ottenuto nuove visite al sito senza sforzo. I biglietti costano? Non è proprio così: grazie a internet e a sistemi come Vistaprint è possibile stampare 250 biglietti a colori gratuitamente, pagando solo le spese di spedizione. Visita http://vistaprint.com.

SEGRETO n. 7: Utilizzare semplici ma efficaci strategie pubblicitarie ti permetterà di creare un costante ritorno pubblicitario verso i tuoi siti e minisiti gratuitamente!

Analizziamo adesso un noto strumento pubblicitario a pagamento. Hai senz'altro sentito parlare di **Google AdWords:** è uno dei più affidabili strumenti per fare promozione online.

Prima di tutto un chiarimento: Google AdWords **non è gratuito**. Ti illustro in ogni caso i vantaggi e le caratteristiche di questo strumento pubblicitario. Attraverso Google AdWords la tua pubblicità sarà "mirata", nel senso che il sistema fa sì che chi andrà a cliccare il tuo annuncio sarà effettivamente "interessato" a ciò che tu hai da proporre. E questo è un grandissimo vantaggio di cui ti ho parlato anche prima, quando ho fatto l'esempio degli agenti commerciali. C'è un'enorme differenza tra un agente commerciale che passa le sue giornate a suonare campanelli in cerca di qualcuno che sia interessato al suo prodotto e un altro che viene indirizzato subito verso persone già interessate.

Ora, diventa tu per un attimo un agente commerciale che vende un'enciclopedia. Quante abitazioni potrai visitare in una giornata? Diciamo trenta. Inizi allora il tuo giro giornaliero alla caccia di clienti e cominci a suonare i campanelli di tutte e trenta le abitazioni.

Su trenta trovi le seguenti situazioni:

- 5 abitazioni sono vuote.
- 15 persone hanno già un'enciclopedia.
- 5 non hanno soldi per comprarla.
- 4 vorrebbero un'enciclopedia, ma non quella che hai tu.
- 1 è interessato, ma ci deve pensare.

Ti rendi conto che hai lavorato strenuamente per una giornata e solamente un interessato può darti *speranza* di concludere la vendita? Allora cerchi di tenerti "buono" l'unico interessato al tuo prodotto e cominci una altrettanto lunga e difficile "opera di convincimento" (e diciamo pure che quest'operazione ti riesce il 50% delle volte).

Così tu hai fatto una **fatica incredibile** e sicuramente in alcune giornate **non hai venduto niente.** Tutto sarebbe stato diverso se invece tu fossi stato indirizzato verso trenta persone già interessate al tuo prodotto! Beh, il compito di Google AdWords è proprio questo!

Tu imposti la campagna pubblicitaria e Google AdWords cerca i "clienti". La cosa migliore è che te li porta automaticamente (dopo che hai impostato la campagna) e porta solo quelli che dimostrano di avere un reale interesse verso il tuo prodotto! Vorresti avere un agente commerciale che lavora per te, giorno e notte, e che paghi solo per i risultati che produce?

È il sogno di ogni esperto di marketing: qualcosa che mostri un annuncio pubblicitario solo quando il cliente lo sta attivamente cercando. Fantastico! Qualcosa che paghi quando il cliente vede l'annuncio e decide di cliccarlo (ovvero di visitare il tuo minisito). AdWords non ha eguali nel mondo offline!

Impostare correttamente una campagna AdWords (ovvero ottenendo un guadagno per ogni click che paghi) è l'arte che può far funzionare qualsiasi business online. Ma ovviamente non è facile farlo.

Come Funziona Google AdWords? Te lo mostro semplicemente attraverso quest'immagine:

Ho semplicemente effettuato una ricerca attraverso Google utilizzando come parole chiave «guadagnare online». I **collegamenti sponsorizzati** sono i primi risultati che ho ottenuto, precisamente i primi due in alto a sinistra e tutta la fila a destra. I risultati sponsorizzati sono stati ottenuti attraverso una campagna pubblicitaria con Google AdWords.

Come puoi utilizzare anche tu questo potente strumento? Basta aprire un account visitando il sito http://adwords.google.com/.

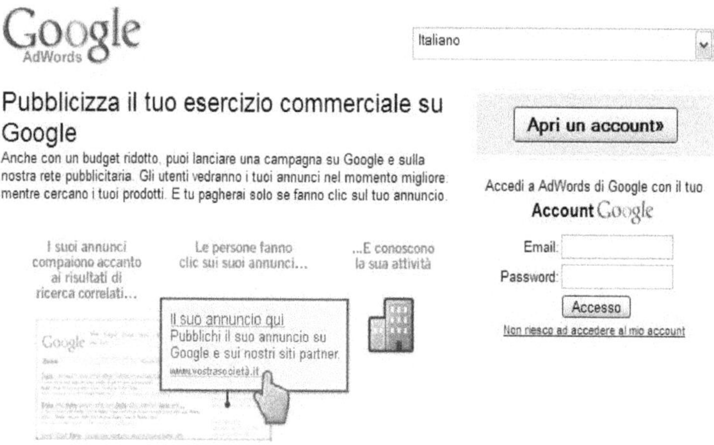

Si tratta di scegliere un parola chiave e di creare un inserto pubblicitario, che verrà visualizzato nei risultati di ricerca su Google ogni qual volta verrà cercata la parola chiave da te scelta. Hai la possibilità di rendere l'inserto pubblicitario e la tua parola chiave più specifici possibile, perché siano mirati a un certo tipo di utenti, quelli che, appunto, stanno cercando esattamente ciò che tu effettivamente vendi attraverso il tuo business.

Prima di iniziare ti consiglio di svolgere una **ricerca sul prodotto o servizio che vuoi vendere per rilevare la sua popolarità**. Analizza bene quali sono le parole chiave più ricercate aiutandoti anche con gli strumenti offerti da Google AdWords.

Usa parole chiave o frasi che abbiano un **basso costo per click** (CPC), così da poterti mantenere entro il budget prestabilito, guadagnare e intanto apprendere il funzionamento del sistema durante le prime campagne di AdWords senza perdere denaro. Puoi monitorare in ogni momento l'andamento della tua campagna pubblicitaria e apportare le dovute modifiche in base alle tue esigenze o all'andamento della campagna stessa, in termini di risultato.

Puoi impostare il tuo **budget giornaliero**, ossia la cifra massima che intendi investire giornalmente per la tua campagna pubblicitaria.

Campagne online ▾Nascondi mostra: tutto | tutte le campagne attive | tutto tranne le campagne cancellate

In pausa | Riattiva | Elimina | Modifica impostazioni | Personalizza colonne

+Crea una nuova campagna: con targeting per parole chiave | con targeting per posizionamento

Nome campagna	Stato attuale	Budget attuale ▴	Clic	Impr	CTR	CPC medio	Costo
Campagna n. 1	Attiva	€0,10 /giorno	8	507	1,57%	€0,03	€0,24
	-	**€0,10 /giorno** (1 campagne attive)	**8**	**507**	**1,57%**	**€0,03**	**€0,24**

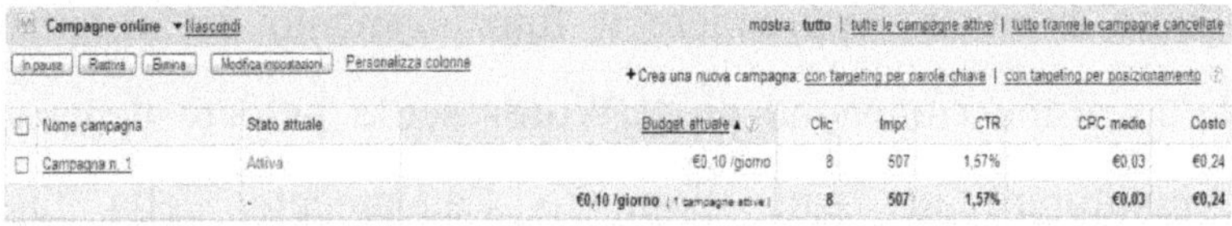

Sul web trovi centinaia di guide e centinaia di persone che definendosi "esperte" ti offrono la loro consulenza per impostare le tue campagne pubblicitarie correttamente, promettendoti poche spese e molti risultati (e per far questo si faranno pagare profumatamente). Ma la realtà è tutt'altra!

Molte strategie che vengono spacciate come «i segreti di Google AdWords mai svelati», in realtà non funzionano. **Mantenere una campagna AdWords è costoso**: le giornate passano, i click arrivano e Google ti presenta il conto. E anche se hai fatto qualche vendita alla fine, se ti prendi il tempo di fare "bene i conti", scopri che forse, se proprio tutto è andato bene e hai venduto molto, hai recuperato solamente le spese che la campagna pubblicitaria di

AdWords ti ha portato.

Ecco perché, anche se questo è uno "schiaffo" a una buona fetta di marketer professionisti, *non considero Google AdWords come elemento principale e indispensabile sul quale "puntare" per pubblicizzare il tuo business*. Utilizza quindi questo strumento con accortezza.

Dedica del tempo per impostare un costante "ritorno pubblicitario" verso i tuoi prodotti, verso il tuo business. Ti ho dato parecchie "dritte" per sfruttare strumenti pubblicitari gratuiti e per ultimo, ma non in ordine d'importanza, ti ho mostrato come sfruttare un potente strumento come Google AdWords. **Ricorda che gran parte del successo in un business online dipende da come e quanto viene pubblicizzato all'interno della rete internet globale**.

Puoi avere i siti web e i prodotti più belli, interessanti e qualitativi del mondo intero, ma se pochi "internauti" riescono a trovarli, e quindi a conoscere quello che tu hai da proporre nel tuo business, tutto il tuo lavoro non servirà a nulla. Quindi pianifica correttamente il lavoro che dovrai svolgere per "espandere a macchia d'olio" il tuo marketing e non sottovalutare questa parte di lavoro, che non è meno importante rispetto a quella di ideare e creare un tuo ebook.

Ma sicuramente, se sei arrivato fino a qui nella lettura di questo ebook, ora ti senti un po' "confuso". Beh, è normale visto che hai appreso un'elevata quantità di informazioni di "primaria importanza", che ora vorrai sicuramente applicare per vederne i risultati!! Per aiutarti a farlo, ti mostro come pianificare correttamente il tuo lavoro, come farlo da professionista e come evitare "brutte sorprese" che potrebbero costarti care!

RIEPILOGO DEL GIORNO 6:

- SEGRETO n. 1: Un marketing di successo dipende da un'impostazione del lavoro basata sul "business multiplo", che segue uno "schema vincente".
- SEGRETO n. 2: Il tuo portale web agevola il tuo business multiplo generando guadagni e nello stesso tempo traffico e pubblicità verso i tuoi prodotti "target".
- SEGRETO n. 3: Il blog è uno strumento potentissimo che puoi usare anche per farti pubblicità o generare traffico verso il tuo sito web e/o minisiti.
- SEGRETO n. 4: I tuoi minisiti, se supportati dal traffico pubblicitario degli altri elementi, svolgeranno a pieno regime il loro compito primario: la vendita diretta.
- SEGRETO n. 5: Se inizi e continui a lavorare bene e seriamente utilizzando le giuste strategie, stai tranquillo che avrai un ritorno economico che ti porterà grandi soddisfazioni.
- SEGRETO n. 6: Se non impari a farti pubblicità e a promuovere i tuoi prodotti in maniera efficace, il tuo business online non vivrà a lungo.
- SEGRETO n. 7: Utilizzare semplici ma efficaci strategie

pubblicitarie ti permetterà di creare un costante ritorno pubblicitario verso i tuoi siti e minisiti gratuitamente.

Giorno 7:

Come pianificare il tuo lavoro

Nella parte iniziale di questo ebook ti ho parlato di "obiettivi" e anche in questo caso devi porteli prima di metterti al lavoro. Considera quindi che *se lavori bene "oggi" stai in realtà investendo per "domani"*. Che cosa significa? Molti internet marketer hanno pianificato un lavoro di 4-5 ore al giorno, sottraendo del tempo al loro lavoro "primario", alle loro faccende o semplicemente programmando meglio le proprie attività per recuperare del tempo da usare per costruirsi un piano di "business online".

Ebbene hanno fatto questo per due o tre anni per poi trovarsi a lavorare solamente 2 ore al giorno per controllare il tutto, mantenendo guadagni molto soddisfacenti. Questo obiettivo lo puoi raggiungere anche tu!

SEGRETO n. 1: Considera il lavoro che svolgerai da oggi in

avanti come un "investimento a lungo termine", questo ti motiverà costantemente a continuare a lavorare con impegno e dedizione.

Ecco alcuni validi consigli che ti aiuteranno a ottimizzare la tua metodologia di lavoro. **Quando ti connetti a internet evita di "vagabondare"** in rete e perdere quindi del tempo prezioso, **effettua solamente ricerche mirate allo sviluppo del tuo piano di marketing**. Prepara una lista di ricerche da fare e siti web da visitare e annota anche l'obiettivo primario per cui fai una ricerca e/o visiti un sito.

SEGRETO n. 2: Gli strumenti e le informazioni che il Web 2.0 ti offre possono farti crescere professionalmente e finanziariamente solo se focalizzi la tua attenzione.

Prepara sempre tutti gli strumenti necessari, perché siano a portata di mano, e assicurati che la tua **postazione di lavoro sia abbastanza comoda** da permetterti di lavorare anche per diverse ore senza provocare disturbi fisici.

Fai un **BACKUP programmato di tutti i tuoi dati**: evita che "brutte sorprese" rovinino il tuo lavoro e la tua tranquillità, oltre che compromettere il tuo futuro. Voglio soffermarmi un po' su quest'aspetto perché lo ritengo estremamente importante, e te lo dimostro con un semplice esempio.

Tempo fa ho ricevuto un messaggio email di un marketer che diceva:

«Pasquale, ti devo assolutamente raccontare che cosa mi è appena successo! È l'unico modo per me di sfogarmi. Diamine! Ho il sangue alla testa e non riesco a stare calmo. Dall'inizio del mese mi ero deciso di scrivere due ebook confidenziali, pieni di tecniche, trucchi e segreti che avevo intenzione, in questi giorni, di regalarti.

Stavo dando gli ultimi ritocchi a uno dei due ebook, composto da un'abbondante trentina di pagine, di pure informazioni confidenziali, quando... BAM! Mi appare sul monitor una finestra d'errore di salvataggio che mi avverte che i dati del file (custodito su un pennino di memoria) sono andati persi! Per un istante avresti dovuto vedere l'espressione sulla mia faccia! C'è mancato poco che scaraventassi a terra il mio portatile! Non sono irritato per il fatto che ho perso un ebook da trenta pagine (che non mi ci vuole più di tanto a riscrivere), ma perché ho perso del tempo. Ora suppongo che mi ritroverò indietro con dei lavori dei quali preferivo liberarmi e purtroppo non riuscirò a farti felice la prossima settimana. Ci tenevo a farteli avere. Forse ti stai chiedendo come mai non ho un file di backup. Beh, a dir la verità i file di backup li tengo su un altro pennino e lo faccio una volta ogni due/tre settimane. Sicuramente, da oggi farò il backup dei dati più spesso!»

Sembra quasi buffo un messaggio del genere, ma non lo è. Pensa se invece di un ebook di trenta pagine fosse stato il tuo ebook da cento pagine, sul quale magari hai lavorato per oltre due mesi! Pensa se invece fosse stata la lista completa dei 300 iscritti alla tua mailing list! Pensa se invece di un ebook fosse stata una cartella contenente tutti i tuoi minisiti da pubblicare sul tuo spazio web!

Con queste cose non si scherza! Rischi di buttare via mesi e mesi di duro lavoro! Perciò evita che contrattempi "prevedibili" possano mettere a repentaglio il tuo lavoro. Fare il backup significa "salvare i dati" e creare delle copie di riserva degli stessi. Se succede qualcosa (e ti posso assicurare che succederà) puoi ripristinare il tuo lavoro tramite i "dati di riserva" che tu stesso hai creato attraverso il backup.

Quindi:

- Fai il backup del tuo server almeno **1 volta a settimana**
- Fai il backup dei dati del tuo computer almeno **1 volta a settimana**
- Fai il backup della tua cartella principale (quella che contiene tutti i tuoi file riguardanti il tuo piano di marketing) almeno **1 volta a settimana.**
- Fai il backup della lista degli iscritti alla tua mailing list, affiliati ecc, almeno **1 volta a settimana.**

Effettua tutti i **backup su un'unità disco diversa da quella su cui lavori generalmente** con il tuo computer, ad esempio su un hard disk esterno. Se non ne hai uno ti suggerisco di preventivarne l'acquisto. L'ideale sarebbe anche un backup completo del tuo hard disk esterno su un secondo hard disk da custodire in un luogo diverso da quello in cui solitamente tieni i tuoi strumenti di lavoro. In alternativa, puoi utilizzare un servizio di **hard disk virtuali** che molti server mettono a disposizione. Per esempio puoi usare i servizi di storage online messi a disposizione da Mediamax. Visita www.mediamax.com e sottoscrivi un account gratuito.

Oppure puoi creare un account gratuito utilizzando il servizio messo a disposizione da Dropbox, sul sito www.dropbox.com.

SEGRETO n. 3: Programma il backup dei tuoi dati e consideralo come un'attività primaria quando ti dedichi al tuo marketing.

Utilizza **un'agenda cartacea** che ti accompagnerà durante tutto il tuo lavoro come internet marketer. Annotaci tutti i "movimenti" del tuo lavoro e completali annotando anche il periodo di riferimento e la categoria come:

- Programmi di affiliazione

- I miei prodotti
- Forum
- Newsletter inviate

Dedica anche una sezione alle *nuove idee*, che possono portare allo sviluppo di un progetto. Porta sempre quest'agenda insieme a te, perché ti accorgerai che le idee migliori ti verranno nei momenti peggiori: quando sei al supermercato con tua moglie, mentre stai per addormentarti oppure mentre sei in macchina ecc.

La maggior parte delle volte le idee in questione sono quelle "chiave", in altre parole quelle che probabilmente porterai a termine con soddisfazione. Ecco perché **è indispensabile che tu abbia con te la tua agenda**, per poterle annotare subito. Se non lo farai hai il 60% di probabilità di dimenticare in parte i dettagli di ciò che avevi pensato e il 40% di probabilità di dimenticare per intero ciò che avevi pensato.

Impara a suddividere per categorie ogni risorsa utile che troverai attraverso internet. Crea delle sottocartelle come per esempio MATERIALE IN PROMOZIONE, LINK, PASSWORD,

I MIEI EBOOK, SCRIPT ecc., e suddividi tutte le informazioni destinandole alle rispettive cartelle. Questo sembra banale, ma ti tornerà molto utile quando dovrai cercare una particolare risorsa o informazione tra le migliaia di kilobyte a tua disposizione nella cartella principale.

Per ognuno dei progetti da te creati, come per esempio i tuoi ebook, **crea e includi nella rispettiva cartella un documento di testo riguardante le condizioni di vendita** e in modo specifico le *tue* condizioni riguardanti i diritti di rivendita completi o non completi. Fa' questo *anche per i prodotti che non sono tuoi* ma che hai reperito attraverso il web; in questo modo puoi sempre **mantenere aggiornate le caratteristiche delle tue risorse**.

Durante il tuo lavoro all'interno della rete web, dovrai senz'altro compilare tantissimi form per la sottoscrizione di account o servizi gratuiti che ti serviranno per accrescere le tue risorse, e di conseguenza ti verranno assegnate decine e decine di username e password per l'accesso ai servizi stessi. **Utilizza strumenti che ti permettano di compilare automaticamente login e moduli**, come ad esempio l'ottimo Roboform (www.roboform.com). Fa' sempre il backup della lista delle tue username e password ogni quindici giorni.

Monitora costantemente i tuoi link: il tuo lavoro comporterà l'invio di moltissimi messaggi e riferimenti al tuo sito, minisiti o prodotti affiliati. I link che dovrai usare saranno moltissimi e necessiteranno di costante controllo.

Immagini cosa potrebbe succedere se tu inviassi un'email promozionale oppure un'offerta speciale a tempo limitato, ma il rispettivo link diretto al minisito preparato fosse errato e indirizzasse il tuo potenziale acquirente verso la pagina di errore? Certo, potrebbe capitare, ma è una situazione assolutamente da evitare! E puoi farlo solo monitorando costantemente il corretto funzionamento di tutti i tuoi link. Perciò crea una pagina in cui elencherai tutti i tuoi link, aggiornala e monitora il corretto funzionamento degli stessi almeno **una volta alla settimana.**

Traccia i tuoi progressi: prendi nota di quante visite il tuo sito riceve, in quali ore della giornata in particolare, quali minisiti vengono maggiormente visitati, quali offerte promozionali hanno attirato maggiormente l'attenzione dei tuoi iscritti, in quali giorni della settimana, a quante persone hai spedito un messaggio contenente un messaggio promozionale oppure un'offerta speciale e quanti di essi hanno effettivamente effettuato l'ordine.

Ecco uno **strumento eccezionalmente utile a questo scopo:** www.vivistats.com, un contatore visite per siti web veramente particolare. Il servizio è gratuito e ti permette di visualizzare un report dettagliato su base giornaliera.

Visitatori	Pagine visitate	Sistemi	Referer	Top Keyword
Statistiche Oggi	Pagine Oggi	Sistema Operativo	Referer Oggi	Keyword Oggi
Stime ed evoluzione	Pagine Ieri	Browser	Referer Ieri	Keyword Ieri
Ultimi 20 Visitatori	Per mese	Lingua Browser	Per Mese	Per Mese
Statistiche 30 Giorni		Risoluzione - Colore		
Per Mese - Per Anno		Sistema - Nazione		

Statistiche di Oggi

Giorno	Unici	Pagine viste
Martedì 18 Dicembre 2007	1	1

Statistiche di Ieri

Giorno	Unici	Pagine viste
Lunedì 17 Dicembre 2007	6	7

Statistiche di oggi divise per fascia oraria

Visualizzare l'andamento "grafico" del traffico verso il tuo sito web.

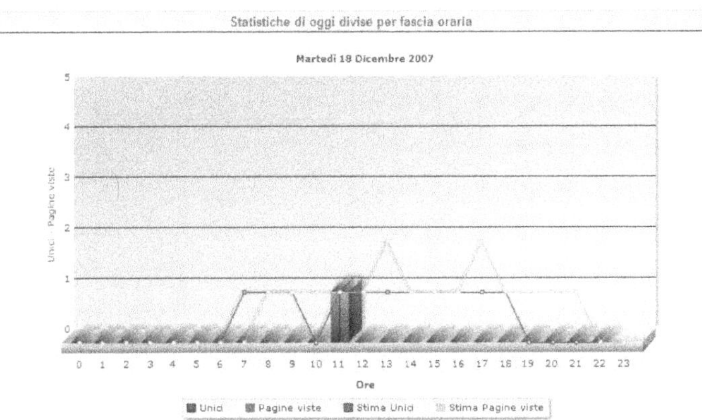

Monitorare non solo quanti visitatori, ma quali pagine del tuo sito vengono visitate e le stime in percentuale del traffico generato rispetto ai giorni precedenti.

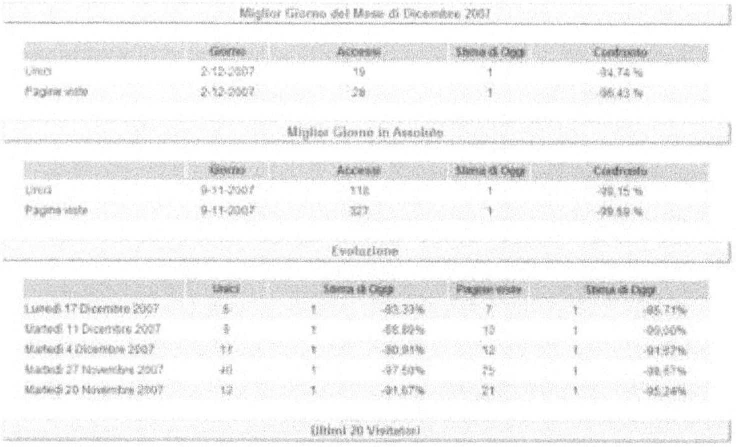

Miglior Giorno del Mese di Dicembre 2007

	Giorno	Accessi	Stima di Oggi	Contrasto
Unici	2-12-2007	19	1	-94,74 %
Pagine viste	2-12-2007	28	1	-96,43 %

Miglior Giorno in Assoluto

	Giorno	Accessi	Stima di Oggi	Contrasto
Unici	9-11-2007	118	1	-99,15 %
Pagine viste	9-11-2007	327	1	-99,69 %

Evoluzione

	Unici	Stima di Oggi		Pagine viste	Stima di Oggi	
Lunedì 17 Dicembre 2007	6	1	-83,33%	7	1	-85,71%
Martedì 11 Dicembre 2007	9	1	-88,89%	10	1	-90,00%
Martedì 4 Dicembre 2007	11	1	-90,91%	12	1	-91,67%
Martedì 27 Novembre 2007	40	1	-97,50%	75	1	-98,67%
Martedì 20 Novembre 2007	12	1	-91,67%	21	1	-95,24%

Ultimi 20 Visitatori

Conoscere gli orari, il luogo di provenienza del visitatore e addirittura il sistema operativo utilizzato, il browser e l'indirizzo IP di ogni singolo visitatore. È assolutamente fantastico. **Puoi avere sotto controllo la "vita intera" del tuo sito web** e quindi l'andamento del tuo business basato sulle vendite attraverso il sito o minisito.

Stato	Data	Ora	Referer	Pagine viste	Vedi
	18-12-2007	11:44:06	Nessun referer	1	
	17-12-2007	23:14:30	Nessun referer	1	
	17-12-2007	19:37:52	Nessun referer	2	
	17-12-2007	19:32:35	scambitalia.com	1	
	17-12-2007	19:25:41	scambitalia.com	1	
	17-12-2007	19:20:40	mail.google.com	1	
	17-12-2007	01:18:54	Nessun referer	1	
	16-12-2007	22:00:24	scambitalia.com	1	
	16-12-2007	19:13:49	Nessun referer	1	
	16-12-2007	17:59:20	Nessun referer	1	
	16-12-2007	10:02:45	logicw.altervista.org	2	
	16-12-2007	00:10:56	scambitalia.com	1	
	16-12-2007	00:10:26	scambitalia.com	1	
	16-12-2007	00:00:18	logicw.altervista.org	3	
	15-12-2007	23:20:03	search.alice.it	1	
	15-12-2007	22:46:25	Nessun referer	2	
	15-12-2007	21:02:28	logicw.altervista.org	1	
	15-12-2007	15:02:40	Nessun referer	1	
	14-12-2007	23:10:37	Nessun referer	1	

Tutte queste informazioni ti saranno utili quando, **almeno una volta al mese**, effettuerai una **“riunione con il tuo staff”** (cioè te stesso) e dati alla mano riuscirai a capire dove il tuo marketing “galoppa” e dove invece va a “rilento”. Capirai anche quali offerte effettivamente hanno successo e quali no. Tutto questo ti porterà a delle conclusioni e di conseguenza ad azioni concrete per migliorare il tuo business. Diventerai il tuo *personal manager*.

Puoi anche utilizzare l’ottimo strumento di statistiche e visite offerto gratuitamente da Google, ovvero **Google Analytics**. Analytics è un ottimo strumento con funzioni avanzate e complete. Se impari a utilizzarlo potrai avere un rapporto dettagliato e completo al 120% di tutto quello che concerne la tua attività sul Web.

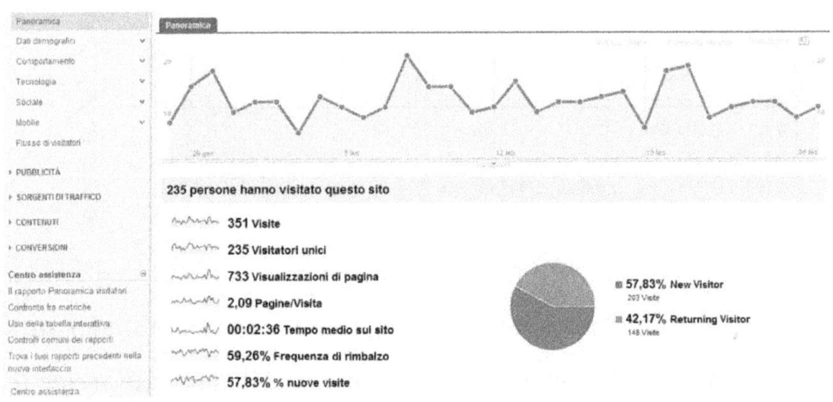

SEGRETO n. 4: Crea sempre dei report dettagliati sull'andamento, le impressioni e le migliorie da apportare al tuo piano di marketing.

Assicurati di partire subito tramite programmi di affiliazione e scegli prodotti validi da pubblicizzare; nel frattempo inizia a lavorare per creare almeno:

- un prodotto gratuito da distribuire a scopo pubblicitario;
- un prodotto economico;
- una collezione composta da almeno tre altri prodotti (ognuno dei quali sarà complementare all'altro);
- un prodotto di prezzo elevato.

Dedica il **70% del tuo tempo a disposizione per pubblicizzare i tuoi prodotti a pagamento e distribuire il tuo prodotto gratuito** (con il chiaro obiettivo di arricchire in breve tempo la lista di iscritti alla tua mailing list), mentre **il rimanente 30% utilizzalo per creare nuovi prodotti** che andranno a "rigenerare" il tuo catalogo.

Inizia quindi a creare un "forte richiamo" verso il tuo nome e verso il tuo business e fallo attraverso la distribuzione del tuo ebook gratuito (ricorda l'effetto della *Guida Magica*), che ti permetterà non solo di indirizzare i lettori verso i prodotti di altri che hai deciso di pubblicizzare tramite l'affiliazione, ma soprattutto di incamminarti verso il raggiungimento del tuo **principale obiettivo: una lunga lista di iscritti alla tua mailing list**.

Poi potrai dedicarti alla creazione dei tuoi prodotti contando sul fatto che i *programmi di affiliazione*, il *tuo portale web* supportato dal *tuo blog* e le *strategie pubblicitarie attuate*, continueranno a lavorare per te autonomamente e genereranno dei guadagni.
Quando avrai creato i tuoi **cinque prodotti** secondo il criterio che ti ho spiegato (uno economico, tre come collezione e uno a prezzo elevato) il tuo business sarà pienamente attivo e tu dedicherai il 70% del tuo tempo a pubblicizzarlo, mediante le strategie che hai appreso attraverso questo ebook e le strategie più "mirate" destinate agli iscritti della tua mailing list. Il restante 30% lo investirai per nuovi progetti che serviranno a mantenere il tuo catalogo sempre "fresco" e "aggiornato".

Continua a usare questa metodologia nel tempo, perché ricorda che *puoi creare moltissimi nuovi prodotti da vendere, ma se non ti fai conoscere attraverso la pubblicità non avrai un guadagno costante*. Programma regolarmente tutte le attività di cui ti ho parlato, ma tieni sempre presente questa strategia.

SEGRETO n. 5: Utilizza il 70% del tempo che dedichi al tuo

business per pubblicizzare i tuoi prodotti e solo il 30% per crearne dei nuovi.

RIEPILOGO DEL GIORNO 7:

- SEGRETO n. 1: Considera il lavoro che svolgerai da oggi in avanti come un “investimento a lungo termine”, questo ti motiverà costantemente a continuare a lavorare con impegno e dedizione.
- SEGRETO n. 2: Gli strumenti e le informazioni che il Web 2.0 ti offre possono farti crescere professionalmente e finanziariamente solo se focalizzi la tua attenzione.
- SEGRETO n. 3: Programma il backup dei tuoi dati e consideralo come un’attività primaria quando ti dedichi al tuo marketing.
- SEGRETO n. 4: Crea sempre dei report dettagliati sull’andamento, le impressioni e le migliorie da apportare al tuo piano di marketing.
- SEGRETO n. 5: Utilizza il 70% del tempo che dedichi al tuo business per pubblicizzare i tuoi prodotti e solo il 30% per crearne dei nuovi.

Conclusione

Siamo giunti ora alle conclusioni di questo personal training che ti porterà, da qui a breve tempo, a creare e gestire un vero e proprio lavoro da casa attraverso il tuo "business multiplo". Ti ho messo a disposizione moltissime risorse per la formazione professionale, risorse che ti sarebbero costate migliaia di euro se avessi frequentato, per esempio, un corso in aula sulle basi dell'internet marketing. Qui hai trovato non solo le basi, ma anche molte strategie avanzate che ti aiuteranno a raggiungere il tuo **obiettivo: creare un flusso di guadagno costante lavorando da casa tramite internet**.

L'era in cui viviamo è caratterizzata dal forte impatto che il Web 2.0 può avere per i suoi utenti. Se sfrutterai al meglio tutte le risorse che esso ti offre, potrai dare realmente una svolta alla tua vita, perché potrai definirti anche tu un ideatore del **Web Marketing 2.0.**

Ti ho ancora parlato di "obiettivo" perché è quello che dovrai porre sempre davanti a te d'ora in avanti. **Non avere fretta** di raggiungerlo a tutti i costi in breve tempo, altrimenti stai staccando il biglietto di prima classe verso il fallimento. Applica quindi le strategie che ti ho insegnato e lascia a ognuna di esse il tempo di "lievitare", solo così potrà portare i risultati aspettati.

Ti garantisco che se seguirai tutti i miei suggerimenti e le mie strategie, se lo farai percorrendo le tappe nei giusti tempi, i risultati arriveranno subito. Nel tuo percorso imparerai a conoscere dettagliatamente il Web 2.0 e i suoi strumenti, diventando un po' webmaster, un po' programmatore, venditore e pubblicitario.

È quello che io sto facendo oggi e che ho imparato a fare nel tempo. Ricordo ancora il giorno in cui andai ad acquistare il mio primo computer, nel settembre del 2000. Credimi se ti dico che non sapevo niente riguardo al computer e al suo uso: sapevo solamente accenderlo e con soddisfazione mi limitavo ad ammirare il desktop di Windows 98! Non sapevo come funzionavano i programmi, come installarli, a malapena riuscivo ad aprire un foglio di Word per iniziare a scrivere.

Oggi, sono un webmaster, sono in grado di modificare gli script, conosco bene vari sistemi operativi e l'hardware completo del mio e di altri computer. Oggi ho avviato il mio business con successo grazie al Web 2.0 e applico moltissime strategie mirate alla vendita e alla pubblicità dei miei siti.

Ho realizzato diversi progetti, collaborato con diverse aziende anche in campo internazionale, ho avviato la mia impresa, e ora fornisco soluzioni e servizi nell'ambito del Web Marketing e Web Ecommerce Italiano. Ho iniziato con piccoli passi, fino ad arrivare alla creazione di diversi prodotti e servizi dedicati in maniera specifica al mercato italiano e alle sue esigenze.

Ho sviluppato e realizzato una piattaforma e-commerce, un servizio di Hosting, un servizio di Autorisponditori Professionali molto apprezzato nel mercato Italiano, e diversi corsi di formazione specifici su argomenti inerenti il tema del Web marketing.

Ripeto, nel 2000 sapevo vagamente come si accendeva un PC ed ora, a distanza di alcuni anni, ho potuto realizzare quello che puoi vedere qui:

Servizi per Internet Marketing e Business Online

Servizio Autorisponditori Professionali in Italiano

http://www.autorisponditoriprofessionali.com

Soluzione “Tutto incluso” per le attività di Business Online

http://www.soluzionebusinessgold.com

Piattaforma e-commerce Centralizzata

http://www.wescart.com

Hosting Specifico per Internet Marketing

http://www.soluzione-host.net

Servizi Personalizzati per il Business Online

http://www.servizi-business.net

Supporto Clienti

http://www.supporto-clienti.info

Corsi di Formazione Professionali

Corso Email Marketing
http://www.corsoemailmarketing.com

Corso Help Desk Marketing
http://www.corsohelpdeskmarketing.com

Corso Web Marketing PRO
http://www.corsowebmarketingpro.com

Blog e News inerenti al Web Marketing
http://www.pasqualemiele.net

Ti ho appena mostrato alcuni miei siti web, solo per farti capire che i risultati si possono ottenere e che il web marketing, il web 2.0, è un campo aperto per chi ha voglia di impegnarsi e mettersi in gioco.

Ho imparato tutto ciò solo grazie al fatto che ho prefisso i miei obiettivi, ho percorso la strada nei **giusti tempi**, con **motivazione**,

impegno, **pazienza** e soprattutto **costanza**.

Come ultima cosa importante, voglio che tu soffermi la tua attenzione su un aspetto di vitale importanza: il Web Marketing è in continua evoluzione, ed è un argomento talmente profondo, e ricco di situazioni, strategie e metodiche di cui fare oggetto di studio, che per me è stata una vera "impresa" racchiuderne le nozioni principali in questo ebook di poche centinaia di pagine.

Dato che comunque è il mio lavoro, e dato che c'è molto su cui studiare e molte nozioni profonde da apprendere in tema di Web Marketing, ho realizzato un corso professionale che tratta questo argomento in maniera ancora più completa e profonda, prendendo in esame tantissimi aspetti importanti, errori da evitare, tecniche, metodi di lavoro e molto altro.

Il web marketing avanzato è composto di tutte le cose citate in questo ebook, ma anche del Post Vendita, del Supporto Clienti, delle Tecniche avanzate di marketing, dell'Email marketing Avanzato, delle Questioni Fiscali, di Falsi ideali e molto altro.

Il **Corso Web Marketing PRO** è stato un progetto ideato e realizzato in nove mesi di duro lavoro, in cui ho riversato tutta la mia esperienza confrontata con il mercato attuale e le sue esigenze, in **10 lezioni, 1.150 Pagine** totali di materiale didattico e **18 ore** di videotraining.

Se la tua "fame" di informazione e le tue competenze crescono, puoi prenderlo come punto di riferimento, visitando il sito ufficiale http://corsowebmarketingpro.com/

Ma ora è arrivato per te il tempo di **agire!** Quanto hai letto in questo ebook è quello che ora farai per avviare il tuo business con successo. Tutto ciò aiuterà a far crescere la tua "autostima" e ti porterà vantaggi economici, che ti permetteranno di migliorare la qualità della tua vita.

Prendi nota di questa data, perché oggi, acquistando e leggendo questo ebook sei entrato a far parte del **Web Marketing 2.0**, hai pianificato un nuovo lavoro soddisfacente. Raggiungerai a breve ottimi risultati, grazie a strumenti e strategie che forse non conoscevi o non sapevi utilizzare a pieno, ma che in realtà erano a pochi click di distanza.

In bocca al lupo!

Pasquale Miele